# 景表法を制する者は EC ビジネスを制する

ステルスマーケティング広告規制を中心に徹底解説

株式会社薬事法ドットコム社主
## 林田 学

ダイヤモンド社

# 景表法を制する者は
# ECビジネスを制する

ステルスマーケティング広告規制を中心に徹底解説

## CONTENTS

# 特定商取引法による
# インバウンド規制

**Part1** どう変わるのか？　80

**Part2** どう対策したらいいのか？　82

**Part3** 行政の指針　84

# アフィリエイト規制と
# ステルスマーケティング規制

**Part1** アフィリエイト規制　88

・注目すべきポイント

・1）基本的ルール

・2）アフィリエイトに関する措置命令

・3）インスタグラムも絡む措置命令

・4）アフィリエイトとインスタグラムの場合

**Part2** ステルスマーケティング規制　94

・STEP1 全体を理解する

・STEP2 具体的検討

・STEP3 Q&A

**Part3** まとめ　149

# 厳格化する
# 景品表示法の規制

2022年4月14日付の『日本経済新聞』は、空間除菌グッズ「クレベリン」に対する措置命令で、大幸薬品株が9％下落したことを伝えていました。

「14日の東京株式市場で大幸薬品の株価が下落した。前日比53円（9％）安の560円で取引を終えた。同社は主力製品「クレベリン」の一部製品を巡り、消費者庁の景品表示法に基づく措置命令に対して仮の差し止めを申し立てていた。東京高等裁判所が13日に申し立てを認めない決定をしたことで、業績悪化を懸念した売りが膨らんだ。

　クレベリンは、「空間に浮遊するウイルス・菌を除去」するとしていたが、消費者庁は表示に合理的根拠がなく優良誤認表示にあたると指摘した。大幸薬品は不服として東京地裁に消費者庁が出す措置命令の仮の差し止めを、2021年12月に申し立てた。22年1月に東京地裁は、クレベリンの6商品中4商品について消費者庁の主張を認めたことから、4商品について消費者庁は表示の取りやめや再発防止策の策定などを求める措置命令を出した。

　2つの商品は大幸薬品の主張が認められたことから東京高裁で審議が進んでいた。13日の東京高裁で6製品すべてについて消費者庁の主張が認められたかたちになった。」

　その後も大幸薬品の株価は下がり続け、2023年3月3日の『タイムバンク証券』のサイトには次のような記事が出ていました。

「大幸薬品は"空間除菌"をうたったクレベリンが大ヒットし、2020年は過去最高業績を叩き出しました。しかし、その後は販売が低迷した上、景品表示法違反まで明らかになり、業績は急悪化。翌年2021年は過去最悪の業績を叩き出しました。2022年も赤字が続き、株価は高値から－86％もの減少率となっています。」

　さらにその後4月11日、景品表示法（景表法）違反課徴金としては史上最高額の6億744万円の課徴金を課されています。

　他方、私がコンサルティングしたメビウス製薬の小野浩之社長は、沖洲真弓さんとワンルームマンションで2006年に創業し、「シミウス」の大ヒットで、2022年3月に100億円で株式を売却されました（詳しくは「第1部coffee break」をご覧ください）。
　その間「シミウス」のエビデンスについて景表法の観点から、いわゆる「チクリ」が何度もありましたが、すべて私のコンサルティングでクリアしています。

　景表法の規制は、ステルスマーケティング（ステマ）規制をはじめとして、どんどん追加され厳しさを増すばかり（特定商取引法や健康増進法も含む）。
　そんな中で皆さまが本書で景表法規制をよくマスターし、メビウス製薬創業者のような勝ち組になられることを期待しています。

林田　学

# あらかじめ知っておきたい 6つのポイント

　これから本書にしばしば登場する法的概念について、あらかじめまとめておきます。

## ① 規制の対象は景品と表示

　景表法とは、景品と表示を対象とする法律で、公正な競争を確保することを目的としています。

　過剰な景品やうその表示で競争に勝つことは、公正とはいえないので、そのあたりを規制するものです。「表示」には広告のほか、商品パッケージやカタログ・会報など、消費者に向けてアピールするすべての媒体が含まれますが、本書は「表示＝広告」という前提で話を進めます。

## ② 優良誤認と有利誤認

　①で述べた"うその表示"は「不当表示」と呼ばれます。そして不当表示には、「優良誤認」と「有利誤認」の2種類があります。

　優良誤認とは、品質など商品の内容について欺瞞的な表示を行う場合です。

たとえば、痩身効果のエビデンスなどないのに「確実に痩せるダイエットサプリ」と表示する場合が該当します。

　有利誤認とは、価格などの取引条件について欺瞞的な表示を行う場合をいいます。

　たとえば、「通常価格1万円のところ、今なら3,000円」と表示しているものの、1万円での販売などそもそも行っていない場合などです。

## ③ 不実証広告規制

　商品の内容に関する表示が実際に違うということ（つまり優良誤認）は、以前は行政が立証しなければなりませんでした。

　しかし、それがボトルネックになって優良誤認の取り締まりが進まないことから、2003年に法律が改正され、事業者側が「表示は実際とたがわない」ということを立証しなければならなくなりました。これは「不実証広告規制」といわれています。

　このルールのもと、現在は行政が怪しいと思う表示について合理的根拠を示すよう事業者側に要求し、その根拠が示されなかったと行政が判断したら、それで「優良誤認」となります。

## ④ 措置命令

　景表法違反が認定されると、行政は「措置命令」を下すことができます。

これは事業者に対しその誤認を与える表示をやめさせ、謝罪広告などを命じるものです（すでに謝罪広告を打っている場合は免除される）。

「措置命令」は2009年、景表法の所轄官庁が公正取引委員会から消費者庁に移った際に、「排除命令」から名前を変えたものです。さらに、2015年4月からは、自治体からもこの措置命令を下せるようになっています。

## ⑤ 課徴金命令

2016年4月よりスタートしました。措置命令対象となった広告からの売上の3％を徴収され、措置命令と同様、必ず公開されます。

ただし、制度が始まった2016年4月以降のものが対象です。また、その売上が5,000万円未満の場合、相当な注意を怠ったとはいえない場合は除外されます。

ステマ規制違反も対象外です。

## ⑥ 薬事法から薬機法

「薬事法」は2014年に改正され「薬機法」と名前も変えましたが、本書では馴染みの深い「薬事法」を用いています。

# 優良誤認

## ◉ 優良誤認を追及するフロー

2003年に始まった不実証広告規制により、消費者庁から声がかかった事業者は、問題のないことを証明しなければなりません。

大体、次のようなフローになります。

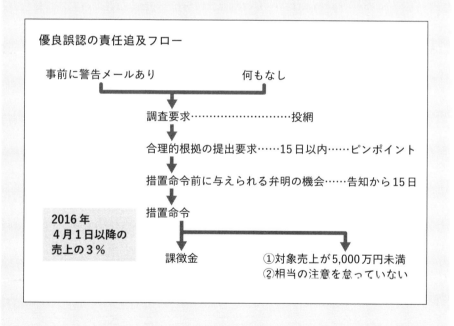

優良誤認の責任追及フロー

事前に警告メールあり　　　　　　何もなし

調査要求……………………投網

合理的根拠の提出要求……15日以内……ピンポイント

措置命令前に与えられる弁明の機会……告知から15日

措置命令

2016年
4月1日以降の
売上の3％

課徴金　　　　　①対象売上が5,000万円未満
　　　　　　　　②相当の注意を怠っていない

## ● 消費者庁から届く警告メール

　ある日突然、消費者庁から問題とするサイトのURLを示した警告
メールが届くことがあります。

平成３０年３月２９日

消　費　者　庁

「不当品第及び不当表示止法」の遵守について

1 消費者庁は、消費者向け電子商取引(以下「B to C取引」といいます。)における表示
の適正化への取組の一環として、ウェブページ上の広告表示について「不当景品及び
不当表示防止法」(以下「景品表示法」といいます。)の観点から点検し、その結果、
不当表示につながるおそれがあると考えられるサイトに対して、"景品表示法の遵守
について啓発するメールを送信しております。

　今般、ウェブページ上の広告表示のうち、商品の内容についての表示に関して点検
した結果、貴社の下記サイトに不当表示につながるおそれがある表示がありましたの
で、景品表示法の遵守について啓発するメールを送信することとしました。

　　　問題となる表示があるページのアドレス

　　http:■■■■■■■■■■
　　貴社におかれましては、今後、広告表示を行う際、項2に示した内容に、十分留意
した上、ウェブページ上の広告表示の適正化を図り、一般消費者の誤認を招くことの
ないよう努めてください。
　　なお、商品の効果・性能に関する表示について、景品表示法第7条第2項の運用の
透明性及び事業者の予見可能性を確保するため、「不当景品類及び不当表示防止法第7
条第2項の運用指針–不実証広告規制に関する指針」(以下「不実証広告規制指針」と
いいます。)が策定されていますので、効果・性能に関する表示を行うに際しては、
この不実証広告規制指針を参照してください。
　　http//www.caa.go.jp/policies/policy/representation/fair_labeling/guideline.
pdf/100121premiums_34.pdf )

注:景品表示法では、第5条で、自己の供給する商品の取引について、①品質、規格そ
の他の内容に係る不当な表示、②価格その他の取引条件に係る不当な表示及び③
内閣総理大臣が指定する不当な表示を禁止しており、また、第7第2項で、消費
者庁長官が商品の内容について実際のもの等よりも著しく優良であると示す表示
に該当するか否かを判断するために必要があると認めるときは、当該表示をした
事業者に対し、期間を定めて表示の裏付けとなる合理的な根拠を示す資料の提出
を求め、当該資料が提出されないなどの場合、当該表示は不当表示とみなされる
旨規定しています。

　　なお、当庁がウェブページ上の広告表示について景品表示法に違反していると
認定した場合には、当該広告表示の差止め等の行政処分を行うことがあります。

　　景品表示法の条文については、当庁のウェブサイトを参してください,

　　景品表示法条文
(https://www.caa.go.jp/policies/policy/representation/fair_labeling/pdf/14
1210premiums_1.pdf)
　　景品表示パンフレット
(https://www.caa.go.jp/policies/policy/representation/fair_labeling/pdf/fa
ir_labeling_160801_0001.pdf)

このためのパトロールについて消費者庁は一部外部委託しているようで、この警告をもらう業者の数はとても多いのです。

　これに対応しなければ、次のステップに進むというわけではありませんが、目をつけられたサイトをそのまま放置しておくのはリスキーなので、どこをどう直せばよいのか、どこにどういうエビデンスを備える必要があるのか、検討する必要があります。

## ◉ 調査要求

　警告メールは表示対策課の電子商担当が発するものですが、景表法追及を担当する表示対策課の調査官から突然調査の依頼が来ることがあります。

　調査官は、まず問題と見ている広告内容を示し、その広告に関する資料、及び会社の資料、商品製造から販売のルート、広告の作成から実施のフローなどを報告させます。

　その期間は大体2週間くらいです。

---

令和■年■月■日
消費者庁表示対策課

■■■■■■■■■
■■■■■様

景品表示法違反被疑事件の調査に関するご連絡

1 本件の被疑行為

（1）■■■■■と称する化粧水に係る表示について（別紙1）

貴社が産経新聞別冊「いただきます！」に広告を掲載し販売している「■■■■■」と称する化粧水に係る表示（以下「本件表示①」といいます。）が、不当景品類及び不当表示防止法（昭和37年法律第134号）第5条第1号（優良誤認表示）の規定に違反する疑いがあるというものです。具体的には、以下に記載する表示内容等が問題となります。

---

- 「ムダ毛にさよなら！憧れのすべすべ肌に」
- 「使うほどに見た目と手触りがつるすべになる。すべすべ感から始まって、だんだんとキメが整う。肌に透明感が出る頃になると、カミソリや毛抜きの頻度が減っていく。本当に塗るだけで憧れのつるすべ肌をめざせるのだ」
- 「自宅で手軽に本格ケアカミソリ・毛抜きを卒業」
- 「今だから言える話」、「毎日カミソリで剃らないと、人前に出られませんでした・・。」と記載し、モニターの写真を掲載した上で、「最初は正直、半信半疑でしたが、続けるうちに面倒でしようがなかった手入れが3分、2分と徐々に短くなって、本当にスベスベになるなんて・・。今では面倒と思うことすらなくなっちゃった感じです。■■を使った化粧品がムダ毛やお肌によいことは知っていましたが、『まさか、ここまで!?』って感じでした。自分で『違い』を感じられるのが最高ですね。」

(2)「■■■■■」と称する除毛クリームに係る表示ついて(別紙2)
　　貴社が貴社ウェブサイトにて販売している「■■■■■」と称する除毛クリームに係る表示(以下「本件表示②」といいます。)が、不当景品類及び不当表示防止法(昭和37年法律第1 34号)第5条第1号(優良誤認表示)の規定に違反する疑いがあるというものです。具体的には、以下に記載する表示内容等が問題となります。

- 「面倒だったムダ毛処理がカンタン5分で『つるん』『除毛しながらスキンケアできる』新感覚クリーム」
- 「カミソリよりも安全な除毛法"つるん"と取れて"スベスベ"の仕上がり!」
- 「男性の毛深いムダ毛でも5～10分で"つるん"」
- 「使うたび、肌の調子もアップ!」
- 「ムダ毛処後に肌荒れしなくなった!」

【表示の対象とされている商品】
　(1)本件表示①に係る商品
　　　貴社が販売する「■■■■」と称する化粧水(以下「本件商品①」といいます。)
　(2)本件表示②に係る商品
　　　貴社が販売する「■■■■」と称する除毛クリーム(以下「本件商品②」といいます。)

2ご提出いただきたい資料(※【令和■年■月■日までに】郵送又は電子メールにてご提出願います。)
　(1)本件商品①及び本件商品②のパンフレット、商品概要等が分かる資料
　(2)本件商品①及び本件商品②の成分が分かる資料
　(3)本件表示①及び本件表示②の表示内容の決定経緯に係る資料(企画書、稟議書、表示内容の検討-決定に係る議事録等の写し)
　(4)会社案内、会社概要等に関する資料
　(5)決算書(直近3期分)
　(6)貴社の表示物に係る管理体制に係る資料
　(7)前記1(1)及び(2)の各表示内容(別紙1、別紙2)の根拠とした資料(表示内容で謳っている効果-効能の根拠となる資料)

　この中で最も重要なのは、2(7)「表示内容で謳っている効果・効能の根拠となる資料」つまりエビデンスです。

## ● 調査要求の次のステップ：合理的根拠の提出要求

　これまで説明してきた調査要求で、セーフとなることもあります。薬事法ドットコム（YDC）が関わったケースでは、調査要求に関し、1年くらいやり取りしてセーフになった事件もあります。

　他方、小顔矯正の事件では、調査要求の回答をGW明けに提出し、その年、何の音沙汰もなかったのでこれでセーフかと思いきや、年が明けた1月に、次のステップとなる合理的根拠の提出要求が来ました。

　合理的根拠の提出要求は通常、消費者庁長官名で捺印され、郵便で送られます。調査要求よりも広告表現を絞ってその根拠を問うてきます。

　提出要求から回答書提出までの期間は、原則15日です。
　提出した回答が十分だと認められれば、それで一件落着になりますが、回答書が不十分とされた場合は、行政指導として注意処分が下るか、措置命令かという流れになります。

## ● 措置命令前に与えられる弁明の機会

　措置命令の前に「何か弁明したいことはあるか？」と、2週間くらいのリードタイムを置いて次ページのような通知が来ます。ただし、これは行政手続法上要求されている儀式のような手続きで、ここで何を弁明しても……という感じはあります。

# 弁明の機会を与える通知

消費対策　第■■■■号

令和■年■月■■日

株式会社■■■■■■

代表取締役　■■■■　殿

消費者庁長官　■■■■■

弁明の機会の付与について（通知）

　当庁は、貴社に対し、不当景品類及び不当表示防止法(昭和 37 年法律第 134 号)第 6 条の規定に基づく命令（以下「措置命令」という。）をすることを予定していることから、下記のとおり、行政手続法（平成 5 年法律第 88 号）第 13 条第 1 項第 2 号に規定する弁明の機会の付与を行いますので、通知します。

記

（1）　予定される措置命令の内容

　　　別紙のとおり

（2）　弁明の方法

　　　貴社は、前記（1）の予定される措置命令の内容について弁明しようとするときは、弁明を記載した書面（以下「弁明書」という）及び証拠を提出することができます。

（3）　弁明書及び証拠の提出先並びに本件の照会先

　　　〒100-■■■■

　　　東京都千代田区■■■■■■■■■■■■■■■

　　　消費者庁　表示対策課　食品表示対策室

　　　電話　03-■■■■■■■

（4）　弁明書及び証拠の提出期限

　　　令和■年■月■■日

## ◉ 措置命令

　弁明の機会で覆ることはほぼないので、弁明の機会があると必然的に措置命令に至ります。ここの期間は2週間～6週間程度。

　措置命令が下される日は、その日の午後に連絡があり、大体15時頃からの記者会見で発表され、16時頃からネットに出て、17時頃からのイブニングニュースで報道されます。

「資料は提出されたが合理的な根拠を示すものとは認められないものであった」がテンプレートで、なぜそう考えるのかの説明はありません。

## ◉ 謝罪広告・返金要求

　措置命令を受けると、それを争わない限り、新聞（全国紙）の社会面に謝罪広告を出さなければなりません。また、今後、コンプライアンス体制をどのように整えるかの報告が求められます。

さらに、ホームページに謝罪メッセージを掲載することを求められる場合もあります。

　2019年12月20日、抱っこひもの広告で措置命令を受けたダッドウェイ社は、2020年3月11日に次のような謝罪メッセージを掲載（措置命令から2カ月近く経過したのは、どこにどういう内容を載せるかについて消費者庁と摺り合わせていたためと思われます）。

### ダッドウェイ社の謝罪広告

前述のように、措置命令はプレスリリースされ、メディアで報道されます。

事業者の意図にかかわらず、「うその広告をした」というニュアンスで報道されるので、それを見た消費者から「うそなら買わなかった。お金を返して」と返金要求が来ることもあります。

措置命令を受けた企業の中には、返金の財源として5億円くらい用意した事例もありました。

## ◉ 措置命令を受けた事業者数

措置命令を受けた事業者数を2012年度以降でまとめると次のようになります。

最近は、大体1年に40〜50社程度が措置命令（国）を受けています。

**措置命令を受けた事業者の数**

| 年度 | 件数（国） | 主な件数（都道府県等） |
|---|---|---|
| 2012年度 | 37社 | 北海道1社、茨城県2社、栃木県2社、埼玉県9社、千葉県1社、東京都6社、神奈川県1社、静岡県3社、京都府1社、和歌山県2社、福岡県1社　等 |
| 2013年度 | 45社 | 北海道36社、群馬県1社、埼玉県11社、東京都3、新潟県1社、岐阜県1社、静岡県2社、愛知県2社、奈良県2社、和歌山県1社、山口県3社、徳島県1社　等 |
| 2014年度 | 30社 | 埼玉県1社、東京都1社　等 |
| 2015年度 | 13社 | 埼玉県1社、岐阜県1件、広島県1社　等 |
| 2016年度 | 27社 | 静岡県1社　等 |
| 2017年度 | 50社 | 北海道1社、栃木県1社、東京都1社、長野県1社、静岡県2社、兵庫県1社、福岡県1社　等 |
| 2018年度 | 46社 | 東京都2社、静岡県1社、大阪府6社　等 |
| 2019年度 | 40社 | 東京都2社、埼玉県4社、茨城県1社、大阪府6社、岡山県1社、鹿児島県1社　等 |
| 2020年度 | 33社 | 東京都2社、埼玉県4社、大阪府1社、岐阜県1社　等 |
| 2021年度 | 41社 | 東京都2社、静岡県1社、埼玉県1社　等 |
| 2022年度 | 41社 | 東京都2社、埼玉県1社、静岡県1社、兵庫県1社　等 |

## ◉ 措置命令の争い方は2つある

　1つ目は、消費者庁に不服を申し立てることです。これを「審査請求」といいます（措置命令から3カ月以内）。詳しくは後で述べますが、大正製薬はこの方法を選びました。

　2つ目は、裁判所に取消訴訟を提起することです（措置命令から6カ月以内）。
　お茶のダイエット効果の訴求で措置命令を受けたティーライフ社などは、この方法を選んでいます。

　これまで措置命令が覆った事例はありません。ただし、2020年5月15日、ユニヴァ・フュージョン社に対する措置命令（2019年3月29日）を消費者庁自身が取り消すという異例の事態がありました。

## ◉ 異例の展開となった大正製薬「パブロンマスク365」

　大正製薬の「パブロンマスク365」広告に関しては、2019年1月15日に行われた消費者庁の合理的根拠の提出要求から、大正製薬の実質敗北が確定した2022年3月1日の第三者委員会の結論まで、3年を超える抗争が続きました。

　この抗争は紆余曲折を経たもので、異例の展開となっています。第三者委員会の認定をベースとしてタイムラインを追ってみます。
　まず第1幕は、措置命令が下るまで。消費者庁が、いったん下そうとした措置命令を書き改めるという異例の出来事がありました。

1. 大正製薬はパブロンマスク365の広告にて、マスクについた「ウイルス」や「花粉アレルゲン」が「太陽光でも室内光でも」「分解され除菌されます」と訴求。

2. 2019年1月15日、消費者庁が大正製薬に1の広告の合埋的根拠の提出を要求し、同30日、大正製薬が提出。

3. 同年3月5日、弁明の機会付与通知（その際に予定される措置命令の内容開示。その内容は「資料で提出されたが合理的なものとは認められなかった」がテンプレートで、本件もそうであったと思われる）。

4. 同年3月19日、大正製薬が弁明書を提出（そこでは詳細な根拠が示され、また、措置命令が下されれば争う旨が記載されていたものと推察される）。

5. 消費者庁は3月の措置命令ドラフトを書き改めて提示した上で弁明の機会を再設定し、6月7日に通知。6月17日に大正製薬が弁明書を提出。

6. 同年7月4日、消費者庁は大正製薬に措置命令を下した（テンプレート通り）。

7. 同年10月1日、大正製薬は消費者庁に不服申立て（審査請求）。

8. 不服申立てを受けた消費者庁は、措置命令に関わっていないものを「審理員」として選任。審理員は措置命令相当の意見書を提出（時期不明）。

9. 21年9月29日、消費者庁は諮問説明書を添付して総務省の第三者委員会に諮問。ここでの理由付は審査委員意見書の理由付と異なっていた。

10. 委員会は、5回審議（21年11月1日、11月25日、22年1月13日、2月17日、2月25日）を行う。

    ・消費者庁は22年1月25日、資料提出

    ・大正製薬には21年10月11日に、反論があれば10月25日までに提出せよと通知するも、大正製薬は何ら提出せず

11. 22年3月1日、第三者委員会は措置命令が妥当との結論を出した。

　　第2幕では、措置命令の後、大正製薬は消費者庁が弁明の機会において示した実験を批判するプレスリリースを即座に行い、その後、審査請求という手段を採りましたが、結局敗北に終わりました。

# 第 1 部

# 健康増進法と
# 令和4.12.5留意事項

## ［注目点］

　消費者庁は健康増進法（健増法）の観点から、定期的にネット上の広告のパトロールを行っています。

　そもそも健増法とはどういう法律なのか、健増法のパトロールとはどういうものなのか、そして健増法と景表法の指針となるべく令和4年12月5日に公表された留意事項とはどういうものなのかを説明します。

# 健康増進法とは
# どういう法律なのか？

## ● 健康増進法の歴史

　健康増進法（健増法）は、平成14年に厚労省所管の法律として
スタートしました。

　スタート後、平成16年7月にガイドラインが発令され、それは
健康食品（健食）販促に大きく関わるものでしたが、その中心は
いわゆるバイブル商法対策でした。

　その後、平成21年に所管が消費者庁に移管し、平成25年にガ
イドライン「健康食品に関する景品表示法及び健康増進法上の留
意事項について」が公表されました。このあたりから、従前のバ
イブル商法対策の色は消え、消費者庁が健食について健康保持増
進効果の虚偽誇大表示が行われていないかを監視するための法律・
ガイドラインというように色合いを変えました。

　その後、平成25年版には、ある種の穴が空いていたことなどか
ら廃止されました。そして新版が平成28年に公表され、令和4年
12月5日にその拡大版が登場し、現在はこれを基に動いています。

## ◉ 健増法の実際上の使われ方

1）食品（含む健食）について「健康保持増進効果」を述べていて、それに「根拠」がなければ虚偽誇大表示となり、健増法の対象となります。

2）1）の「根拠」は、ほとんど認めないので、健康保持増進効果を述べているとされれば通常違反となります。

3）結果、薬事法と同じような働きをしています。つまり、薬事法は、「体に対する具体的な効果」をうたっていれば、根拠の有無を問わず、うたっているだけで違反となります（言葉狩り）。

4）それゆえ、健増法は「ミニ薬事法」といえます。

# 健増法のパトロール

## ◉ 健増法のワーニングメール

### 1) 運用実績

　消費者庁によるインターネット上における健康食品等の虚偽・誇大表示に対する要請の合計件数は以下の通りです（令和3年4月〜）。

| | 生鮮食品（農産物） | 加工食品（農産加工品・畜産加工品・水産加工品） | 飲料等（茶・コーヒー及びココア調整品、飲料、酒類） | いわゆる健康食品（カプセル、錠剤、顆粒状等） |
|---|---|---|---|---|
| 令和3年4月〜6月 | 9 | 39 | 14 | 121 |
| 令和3年7月〜9月 | 6 | 58 | 20 | 145 |
| 令和3年10月〜12月 | 7 | 46 | 36 | 142 |
| 令和4年1月〜3月 | 0 | 10 | 25 | 82 |
| 令和4年4月〜6月 | 4 | 14 | 7 | 177 |
| 令和4年7月〜9月 | 2 | 36 | 39 | 130 |
| 令和4年10月〜12月 | 2 | 49 | 17 | 145 |
| 合計 | 30 | 252 | 158 | 942 |

### 2) ワーニングメールの事例

【1】が令和4年11月までのもの

【2】が令和4年12月からのもの

【1】には「修正しなければ厚労省に通告する」旨の記述があり
ましたが、【2】ではそれがなくなっています。

【1】

消表対第■■号
令和■年■月■日

■■■■■■■■御中

消費者庁表示対策課長
（公印省略）

健康増進法第65条第1項に関するインターネット監視業務に係る
不適切広告等の改善について（要請）

　消費者庁においては、健康増進法（平成14年法律第103号）第65条第1項（誇大表
示の禁止）の規定に関し、インターネットにおける監視業務を行っているところであ
る。
　この程、令和4年1月から同年2月までに間、インターネットにおける虚偽誇大広
告等の監視を行ったところ、貴社がインターネットショッピングモールサイト等に
掲載する広告等について、同項の規定に違反するおそれのあるものが確認された。貴
社においては、別紙内「違反のあるおそれのある主な表示」部分を中心に、修正又は
削除等の改善策を講じるとともに、当該広告等のその他表現についても再度確認さ
れたい。
　消費者庁では、これらの広告等について、2月28日（月）までに改善措置が講じら
れない場合、医薬品、、医療機器等の品質、有効性及び安全性の確保に関する法律
（昭和35年法律第145号。以下「薬機法」という。）の規定に違反する疑いのある広告
にあっては、厚生労働省薬機法担当部局に通告することとしている。また、その他の
ものについては、当庁において科学的根拠の評価や事情聴取等を行い、健康増進法又
は不当景品類及び不当表示防止法（昭和37年法律第134号）の規定に基づく調査を開
始することとしている。
　なお、当庁が指摘した以外の商品であっても、健康増進法第65条第1項の規定に
違反するおそれのある広告等が再度確認された場合には、厳正に対処していくこと
としているので、貴社が行なっている広告等全体の適正化を図られたい。
　当庁では引き続き、これらの広告等を監視していくことを付言する。

担当：消費者庁　表示対策課ヘルスケア表示指導室
TEL　03-■■■■-■■■■（代表）
■■、■■（内線：■■■■、■■■■）

【2】

食表対第■■号
令和■年■月■日

健康増進法第65条第1項に関する不適切表示の改善指導について

■■■■■■■■殿

消費者庁表示対策課長
（公印省略）

　消費者庁は、貴社が一般消費者に販売する別紙の食品のインターネット上の広告表示について調査したところ、健康増進法（平成14年法律第103号）第65条第1項（誇大表示の禁止）の規定に違反するおそれのあるものが確認された。

　ついては、貴社においては、別紙の「違反のあるおそれのある主な表示」部分について、令和5年1月■日までに、修正又は削除等の改善策を行うとともに、今後、同種の商品で同様の表示を行わないように指導する。

　なお当庁では、引き続きこれらの広告表示を監視することとしているところ、改善にあたっては、「健康食品に関する景品表示法及び健康増進法上の留意事項について」（平成28年6月30日消費者庁公表※）を参照するとともに、相談等がある場合は、下記窓口まで連絡されたい。

　さらに、貴社の広告表示が、インターネットショッピングモールサイト等に掲載されている場合は、当該サイト等を運営するプラットフォーム提供者に対しても協力要請を行うこととしていることを申し添える。

※
https://www. ■■■■■■■■■■■■■■■■■■■■■

担当：消費者庁　表示対策課ヘルスケア表示指導室
TEL　03-■■■■-■■■■（代表）
■■、■■（内線：■■■■、■■■■）

●消費者庁からの指摘は、下のように示されます。

| 商品名 | サイトアドレス | 事業者名 | 事業者住所 | 違反のおそれのある主な表現 |
|---|---|---|---|---|
| | | | | 以前の私は夏でも寒がり…エアコンがつらい。そんな私が今では！　寒さを感じず以前より元気になりました！ |
| | | | | からだの活性を高める栄養素がたっぷり入っているドリンクがスゴイと口コミで話題に！ |
| | | | | 今は旦那が寒がっていても私は何ともないくらいです！アレだけ冷たかったのがうそみたいに！ |
| | | | | 私たち「〇〇」で寒さが気にならなくなりました！とにかく寒さが気にならなくなったのは実感！（感想内容） |
| | | | | 体がどんよりして寒さにも弱かったのが、今は全然気になりません。（感想内容） |
| | | | | 最近、こんなこと感じていませんか？体が重い感じがする、年中いつも寒さに弱い、元気がなくいつもどんより食事を楽しめない　朝からスッキリしない身体環境が乱れがち |
| | | | | 体の寒さがツライ毎日に…元気な毎日を取り戻しましょう。体感率87.6%一目瞭然のチカラ。あなたも実感してください。え!?　こんなに簡単に……！ |
| | | | | お手軽！　一口飲むだけで♪（以下、続く） |

## ◉ 公表処分

　違反に対する処分として、最も重いものは公表処分ですが、これまでにLION社の特定保健用食品（トクホ）広告1件しかありません（2016年3月1日）。

　「パトロール→ワーニングメール→修正」というフローが、すっかり定着している感じがします。

公表処分されたLION社のトクホ広告

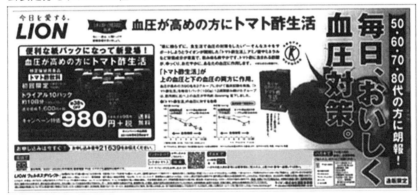

# 令和4.12.5留意事項

　Part1で紹介した、令和4年12月5日の通知（R4通知）の要点を紹介していきます。

## ●R4通知　1）妊活

(1)　R4通知の「第2　本留意事項の対象とする『健康食品』」の2の（3）には、次のような一文があります。

「健康保持増進効果等」を暗示的又は間接的に表現するもの

　下記のもののように、「健康保持増進効果等」を暗示的または間接的に表現するものであっても、「健康保持増進効果等」についての表示に当たります。

**ア　名称又はキャッチフレーズにより表示するもの**

> 例：「ほね元気」、「延命○○」、「妊活」、「腸活」、「快便食品（特許第○○○号）」、「スリム○○」、「減脂○○」、「血糖下降茶」、「血液サラサラ」、「デトックス○○」、「カラダにたまった余分なものをスッキリ」

(2)　つまり、「妊活」は、「腸活」と同じくNGワードになった、といえます。

　　では、どうしたらよいのでしょうか？

　　薬事法上、特定時期の栄養補給表現はOKと考えられているので（次ページ②参照）、下のように書けばよいでしょう。


「妊活＊

　＊妊娠時の栄養補給」

# Q&Aでチェック！
# 薬事法の効能訴求禁止3つの例外

### ●ザバスはOK？　成分広告は？

**Q** ザバスのパッケージには、「理想の筋肉のために」「引き締めたいカラダのために」との表記がありますが、これはOKなのですか？

**A**

1) 健食に関し、一切の効能訴求を封印した感のある46通知（あるものが医薬品に該当するか否かを判断すべく、昭和46年6月1日に厚生労働省〈当時、厚生省〉が発した通知）ですが、3つの例外を認めています。

①「健康維持」「美容」などの抽象的表現
　　「『健康維持』、『美容』を目的とする趣旨の表現は、直ちに医薬品的な効能効果には該当しない。
　　（例）健康を保ちたい方に」
　　（「医薬品の範囲基準ガイドブック」P.137 イ）

②特定時期の栄養補給…「発育期、妊娠授乳期 "等"」としているが、"等"があるので、この2つには限定されない

「特定時期の栄養補給については、正常状態でありながら通常
　　の生理現象として特に栄養成分の需要が増大することが医学的、
　　栄養学的に確認されている発育期、妊娠授乳期において、その栄
　　養成分の補給ができる旨の表現は、直ちに医薬品的な効能効果に
　　は該当しない。」
　（「同ガイドブック」P.134 イ）

　③生体を構成する成分が商品の成分であることを示す表現
　　　「具体的な作用を標ぼうせずに単に健康維持に重要であること
　　を示す表現又はタンパク質、カルシウム等生体を構成する栄養素
　　について構成成分であることを示す表現は、直ちに医薬品的な効
　　能効果には該当しない。」
　（同ガイドブック P.135(2) イ）

2)「理想の筋肉のために」は③のロジックで正当化できます。つまり、
　理想の筋肉を構成する成分＝プロテインがこの商品の成分である
　ことを示している、といえます。

3) 対し、「引き締めたいカラダのために」には、上記のロジックは使え
　ず、疑問です。

# ●R4 通知　2）イラスト・マンガ・写真

## 1）　葛の花 広告事件

重要な先例となる、葛の花広告事件を紹介します。


①そのタイムラインは以下の通り。

　1）2017年4〜6月：各社呼出➡調書作成

　2）8月：合理的根拠の提出要求➡提出

　3）10月1週：最後の弁明機会付与➡弁明書提出

　4）11月7日：措置命令16社


②対象企業は以下の通りです。

　メーカー：東洋新薬　　　販社：該当企業に印（★）

| RCT（臨床試験） | | | SR（システマティックレビュー） | |
|---|---|---|---|---|
| 会社名 | 商品名 | ヘルスクレーム | 会社名 | 商品名 |
| （★）株式会社ステップワールド | ヘラスリム | 本品には、葛の花由来イソフラボン（テクトリゲニン類として）が含まれるので、内臓脂肪（おなかの脂肪）を減らすのを助ける機能があります。 | （★）株式会社全日本通教 | 葛の花減脂粒 |
| | | | Nalelu合同会社 | 葛の花スリム27 |
| | | | （★）日本第一製薬株式会社 | 葛の花イソフラボンスリム |
| | | | （★）株式会社スギ薬局 | 葛の花ウエストケアタブレット |
| （★）株式会社ニッセン | メディスリム | 本品には、葛の花由来イソフラボン（テクトリゲニン類として）が含まれるので、内臓脂肪（おなかの脂肪）を減らすのを助ける機能があります。 | （★）株式会社スギ薬局 | 葛の花ウエストケアスムージー |
| | | | （★）株式会社テレビショッピング研究所 | 葛の花サプリメント |
| | | | （★）ありがとう通販株式会社 | 青汁ダイエットン |
| | | | 株式会社銀座・トマト | ウェイトケア |

| RCT（臨床試験） | | | SR（システマティックレビュー） | |
|---|---|---|---|---|
| 会社名 | 商品名 | ヘルスクレーム | 会社名 | 商品名 |
| | | | （★）株式会社やまちや | 葛の花由来イソフラボン入り　きょうの青汁 |
| | | | イオントップバリュ株式会社 | 葛の花イソフラボン配合大麦若葉青汁 |
| | | | 株式会社宇治田原製茶場直売部 | 葛の花サポート |
| | | | （★）株式会社スギ薬局 | 葛の花プレミアム青汁 |
| | | | （★）株式会社オンライフ | slimfor（スリムフォー） |
| | | | （★）株式会社太田胃散 | 葛の花イソフラボン貴妃 |
| | | | （★）株式会社ハーブ健康本舗 | シボヘール |
| | | | （★）ピルボックスジャパン株式会社 | önaka（おなか） |
| | | | 株式会社 Rise Up | 葛の花青汁 |
| | | | （★）株式会社協和 | ウエストシェイプ |
| | | | （★）株式会社ECスタジオ | イージースムージーグリーン |
| | | | 株式会社はぴねすくらぶ | イソフラスルー |
| | | | 富士フイルム株式会社 | メタバリア　葛の花イソフラボン |
| | | | （★）株式会社太田胃散 | 葛の花イソフラボンウエストサポート茶 |
| | | | 株式会社リーフ | 体脂減 |
| | | | 株式会社ミル総本社 | シェイプライフ青汁 |
| | | | 株式会社ソシア | メタストンW |
| | | | （★）株式会社CDグローバル | 葛の花イソフラボン青汁 |
| | | | 株式会社えがお | えがお　葛の花内脂燃 |
| | | | 株式会社全日本通販 | グリーン減脂サポート |

## 2） イラスト・マンガ・写真

●R4 通知には、こうあります

「健康食品が有する健康保持増進効果等ではおよそ得られない
身体の組織機能等の変化をイラストや写真を用いることなどに
より表示することは、一般消費者が、表示全体から受ける印象
によって健康食品を摂取するだけで容易に身体の組織機能等の
変化を得られるものと誤認するおそれがあり、虚偽誇大表示等
に当たるおそれがある」

●イラストの例「葛の花広告事件」

指摘：

肥満気味の腹部にメジャーを巻いた
女性のイラストとともに「『ぽっこり
お腹』で損してませんか？」及び「見
た目年齢で損しない！　お腹の脂肪を
減らす青汁ダイエットン」と記載。

●マンガの例「葛の花広告事件」

指摘：

マンガの中で、主人公の女性が、同窓会の数カ月後に開催された同窓会において、周りから「ご主人が羨ましいな」、「キレイになったわね」、「イイじゃん！」といった意味のことを言われ、「美穂と『葛の花減脂粒』に感謝ね！」及び「あなたも『葛の花減脂粒』を始めませんか？」などと記載。

●イラストやマンガを使用する際の対応策

では、どうしたらよいのでしょうか？

要は、イラストやマンガは、普通の文章に比べて甘く見られる傾向もあったものの、今後はそれはないと考えたほうがよい、ということです。

とすると、過大な期待を抱かせることが誤認を与えていると捉えられているので、それを打ち消すべく、「BMI25-30で1日の平均摂取エネルギー2,000kcal程度、1日の歩数9,000歩程度の人が本品成分を12W（週）摂取した結果に基づく」といった注記を付けることが必要です。

●写真の例「葛の花広告事件」

　　指摘：

　　細身の女性の写真とともに、「置き換えなくても簡単Dietスムージー体重を減らす」と記載。

●写真を使用する際の対応策

　①その写真を「イメージ」として使う場合と、体験者として使う場合があります。

　②「イメージ」なら「イメージ」と写真の直下に消費者が認識できるように注記する（消費者が認識できるかどうかは、関係ない人に見せて確認する）。

　③その人を「体験者」として使う場合は、

　　１．その人が訴求内容に合っていること

　　２．その人とバックデータが合致すること（「代表」といえること）

　　が必要です。

したがって……

ⅰ．上記事例の写真を体験者として使うのであれば、「痩せる」
　　バックデータが必要で、かつ、その広告の人物がバックデー
　　タに合致していなければなりません。
ⅱ．よって、バックデータがBMI30以上の人が対象というので
　　あれば、この写真の女性はどう見てもそうは見えないので、「イ
　　メージ」としては使えるが、「体験者」としては使えない、
　　ということになります。

## 3） ダイエット

●ダイエット表現の規制の枠組み（薬事法、一般健康食品）

次のような枠組みになっています。

| 置き換え | 非置き換え（サプリ） |
|---|---|
| (1)食事の代わりになりうるものであることが必要。酵素ジュースがギリギリ。サプリ形状では無理。<br>(2)カロリーが低い商品に食事を置き換えることによって痩せるといっても薬事法違反とならないことは、厚生省昭和60年の通知が示している。<br>(3)痩せるロジックは「カロリーロジック」であることが必要で、「低糖質ロジック」ではダメ。<br>(4)「食事制限・運動併用」を併記することが必要。この点は景表法の追及が次第に厳しくなってきており、どういう人にどういうふうに食事を制限するか、どういう運動を併用するのかのエビデンスが必要。 | (1)置き換えロジックは使えない。サプリ+「食事制限・運動併用」でもダメ（併用はサポート条件にすぎず、サプリで痩せていることになる）。<br>(2)手は2つある。1つは、食事制限・運動併用を立てた上で「ダイエット時の栄養補給」のロジック。食事制限による栄養減少や運動による栄養消費を補うというロジックなので薬事法上OK。<br>(3)景表法の追及をかわすためには、このロジックでうまく痩せるエビデンスが必要。<br>(4)もう1つはプログラムにより痩せる、サプリはその中の1アイテム、という建て付け。 |

## ●R4通知

①広告とエビデンスの不一致についてこう述べています（P.70の資料参照）

> 例：特段の運動や食事制限をすることなく摂取するだけで痩身効果が得られることを標ぼうする商品に関し、商品を用いたヒト試験の報告書が提出されたが、ヒト試験の被験者に対して運動や食事制限の介入指導が行われていた。

　これは、そもそも薬事法でアウトです。景表法のミスマッチも当然です。

②広告とエビデンスの不一致（P.70の資料参照）

> 例：糖質や脂質の吸収抑制効果を標ぼうする商品に関し、商品を用いたヒト試験の報告書が提出されたが、吸収抑制効果について、実証された内容と表示された効果が著しく乖離していた。

　これは、以下の「シーズ・ラボ事件」などがベースになっています。

 **News Release**

令和3年11月24日

### 株式会社シーズ・ラボに対する景品表示法に基づく措置命令について

消費者庁は、本日、株式会社シーズ・ラボ（以下「シーズ・ラボ」といいます。）に対し、同社が供給する「4D」と称する食品に係る表示について、景品表示法に違反する行為（同法第5条第1号（優良誤認）に該当）が認められたことから、同法第7条第1項の規定に基づき、措置命令 別添参照 を行いました。

1 違反行為者の概要
　　名　　　称　　株式会社シーズ・ラボ（法人番号3011001035031）
　　所 在 地　　東京都渋谷区広尾一丁目1番40号プライムスクエアプラザ1階
　　代 表 者　　代表取締役　黒木　昭彦
　　設立年月　　平成7年12月
　　資 本 金　　1000万円（令和3年11月現在）

2 措置命令の概要
　(1) 対象商品
　　　「4D」と称する食品（以下「本件商品」という。）

　(2) 対象表示
　　ア　表示の概要
　　　(ｱ)　表示媒体
　　　　　自社ウェブサイト
　　　(ｲ)　表示日
　　　　　令和2年10月22日、同月30日、同年11月10日及び同月19日
　　　(ｳ)　表示内容 別紙
　　　　　「『痩せたいけれど我慢したくない！』あなたのために！　クリニカルサロン　『シーズ・ラボ』独自開発」、「食事の気になるカロリーを速攻カット！！」、「脂っこい料理　甘〜いスイーツ　食べ過ぎてもなかったことに！」、「糖質カット　脂質カット　脂肪燃焼　お通じすっきり」及び「フォーディー　4D　ダイエットサプリ」との記載と共に、複数の料理とスイーツの画像を背景にフォークとナイフを手にして口を開いた人物の画像、本件商品及び本件商品の容器包装の画像等と、別表「表示内容」欄記

1

載のとおり表示することにより、あたかも、本件商品を摂取すれば、本件商品に含まれる成分の作用により、食事から摂取したカロリーの吸収が直ちに著しく阻害されることによって、体重増加が阻止される効果が得られるかのように示す表示をしていた。

イ 実際

前記アの表示について、消費者庁は、景品表示法第7条第2項の規定に基づき、シーズ・ラボに対し、期間を定めて、当該表示の裏付けとなる合理的な根拠を示す資料の提出を求めたところ、同社から資料が提出された。しかし、当該資料は、当該表示の裏付けとなる合理的な根拠を示すものであるとは認められないものであった。

(3) 命令の概要

ア 再発防止策を講じて、これを役員及び従業員に周知徹底すること。

イ 今後、表示の裏付けとなる合理的な根拠をあらかじめ有することなく、前記(2)アの表示と同様の表示を行わないこと。

(4) その他

シーズ・ラボは、本件商品の内容について、一般消費者に対し、実際のものよりも著しく優良であると示す表示をしていた旨を日刊新聞紙2紙に掲載した。

```
【本件に対する問合せ先】
消費者庁表示対策課
    電  話  03（3507）9126
    ホームページ  https://www.caa.go.jp/
```

2

## 4） 免疫

①R4通知

　1．次のような記述があります（P.70の資料参照）

　　　例：免疫力が高まることにより疾病の治療又は予防の効果が得られることを標ぼうする商品に関し、商品の成分が一部の免疫細胞を活性化することに関する試験データが提出されたが、疾病の治療又は予防の効果に係る本件商品の有効性を実証するものではなかった。

　2．ブロリコ事件

　　ⅰ．上記は「ブロリコ事件」（H19.11.1措置命令）がベースになっています。

　　ⅱ．消費者庁の評価

　　「表示について、消費者庁は、景品表示法第7条第2項の規定に基づき、イマジン・グローバル・ケアに対し、期間を定めて、当該表示の裏付けとなる合理的な根拠を示す資料の提出を求めたところ、同社から資料が提出された。

　　　しかし、当該資料は、当該表示の裏付けとなる合理的な根拠を示すものであるとは認められないものであった。」

「ブロリコ事件」のエビデンスは次ページ図Aのデータです。

これに対し、前後比較では不十分とされたものと思われます。つまり、プラセボを用いた比較試験が必要となります。

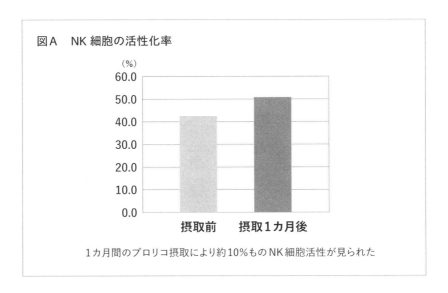

図A　NK 細胞の活性化率

（%）

1カ月間のブロリコ摂取により約10％もの NK 細胞活性が見られた

## ●「ブロリコ事件」の詳細

　ⅰ．事実関係

　　　図 B を参照

　ⅱ．評価

　　　①前後の比較のみ、に加え

　　　②有意差検定なし、が不十分とされた

　　　　　↓

　ダブルブラインド
（二重盲検法）で有
意差検定が必要

## 図B 「ブロリコ」を販売していたイマジン・グローバル・ケア社が行っていた広告手法

**DSP**
（デマンドサイド
プラットフォーム）

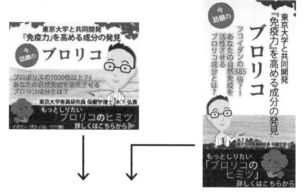

**ブロリコ研究所**
（イマジン・
グローバル・ケア）

同社は、研究コンテンツ方式を採用し、商品広告では一切効能をうたっていなかった

商品広告と研究コンテンツは一体と見られた

商品広告として成分ブロリコの効果を訴求しているが根拠は不十分

とされ、措置命令を受けました。

## 5) 成分広告

●R4通知には、下記のような内容の記述があります

①　特定の食品や成分の健康保持増進効果等に関する書籍や冊子、ウェブサイト等の形態をとっている場合であっても、その説明の付近にその食品の販売業者の連絡先やウェブサイトへのリンクを一般消費者が容易に認知できる形で記載しているようなとき、

②　特定の食品や成分の健康保持増進効果等に関する広告等に記載された問合せ先に連絡した一般消費者に対し、特定の食品や成分の健康保持増進効果等に関する情報が掲載された冊子とともに、特定の商品に関する情報が掲載された冊子や当該商品の無料サンプルが提供されるなど、それら複数の広告等が一体となって当該商品自体の購入を誘引していると認められるとき、

③　特定の食品や成分の名称を商品名やブランド名とすることなどにより、特定の食品や成分の健康保持増進効果等に関する広告等に接した一般消費者に特定の商品を想起させるような事情が認められるとき、

●「ブロリコ事件」

　①は、以前からある「付近ルール」で、今回新たに②と③が追加されました。

　②は、「ブロリコ事件」などに基づいています。

　この例では、ブロリコ研究所が「免疫力UP」の広告を行い、その資料を送り、他方、販社（イマジン・グローバル・ケア社）から商品サンプルを送り分けていました。

　しかし、両者は一体と見られ、商品サンプルの効果を研究所の資料が述べていると見られました。

●「A事件」

③は、「A事件」などに基づいています。

成分CMと商品CMを分けて行っていましたが、名称の類似性、キャスティングが同一など、重なりが多く、一体と見られました。

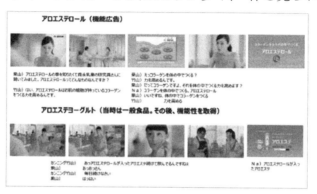

## 6）　No.1 表示

●R4通知では、次のような内容が述べられています

> また、
> ⑴　健康食品の広告等において、例えば「ダイエット部門売上No.1」、「顧客満足度ランキング第1位」などと強調する表示（いわゆる「No.1表示」）が行われることがあるが、その商品等の内容の優良性又は取引条件の有利性を表すNo.1表示が合理的な根拠に基づかないなど、事実と異なる場合には、虚偽誇大表示等に該当するおそれがある。
> さらに、
> ⑵　No.1表示の根拠となる具体的な調査条件や出典等が明瞭に記載されておらず、一般消費者に実際のものよりも著しく優良又は有利なものと誤認させる表示をする場合には、虚偽誇大表示等に該当するおそれがある。

## ●No.1 表示のエビデンスの考え方は次の通りです

エビデンスをネット上のアンケート調査に求める例が多いです。

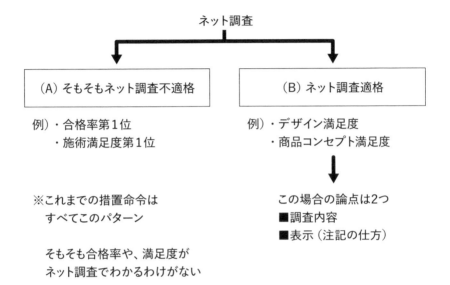

ネット調査

（A）そもそもネット調査不適格

例）・合格率第1位
　　・施術満足度第1位

※これまでの措置命令は
　すべてこのパターン

そもそも合格率や、満足度が
ネット調査でわかるわけがない

（B）ネット調査適格

例）・デザイン満足度
　　・商品コンセプト満足度

この場合の論点は2つ
■調査内容
■表示（注記の仕方）

措置命令　①フランチャイズ接骨院広告（2019.11.18 埼玉）
　　　　　②家庭教師派遣広告（2020.9.14 埼玉）
　　　　　③豊胸・痩身施術広告（2022.6.15）
　　　　　④オンライン家庭教師広告（2023.1,12）

## ●パターン（B）について

■調査内容

①「無作為抽出で相当数のサンプル」が措置命令頻出ワード

②無作為抽出とは何なのか？

③相当数のサンプルとは？

この基準には幅があります

| 知人の中から | ・アットランダムに選んだ |
| よさそうな人を選んだ | ・選定条件を決めて選んだ |

ⅰ．一般的にはN＞100（N＞100だと誤差率10％未満なので）

ⅱ．②の無作為性とは相関関係があり、無作為性が高ければ
　　N30くらいでもよい

と考えられています。


■表示（注記の仕方）

　プレスリリースやニュースリリースの配信サイト『PR TIMES』
の掲載基準が参考になります。


　①何から第1位（No.1）を導いたのか、示すべき項目は次の5
つです。

　　（A）「調査期間」

　　（B）「調査機関」

　　（C）「調査対象」

　　（D）「サンプル数」

　　（E）「調査方法」

　②例

　次のQ&Aをご覧ください。

**Q**

　育毛剤のLP（ランディングページ）に「お客様満足度93％」と訴求し、「2022年に本品を購入したお客様の中から100名を無作為に抽出してアンケートを行った結果」と注記しています。これはOKですか？

**A**

　何を書くかという問題と、どこに書くかという問題があります。

　PR TIMES基準でいくと、(A)「調査期間」、(B)「調査機関」、(C)「調査対象」、(D)「サンプル数」、(E)「調査方法」を示すべきです。

　本件では、(A)→2022年、(B)→多分、自社、(C)→商品購入者、(D)→N＝100、(E)→どういうアンケートにしたかなどを書くべきですが、本件では不明。

　こうやってチェックすると、調査機関（B）と調査方法（E）をもう少し詳しく書くべきことがわかります。

　しかし、以上のすべてを「お客様満足度93％」の直下に書く必要はありません。

　何を直下に書くべきかは「それを直下に書かないと過大な期待を与えるのかどうか？」で決まります。

　本件は、実態と訴求に大きなギャップはないので、直下には「2022年自社調べ」とでも書いておいて、後はリンクページやフッターなどの記載でよいでしょう。

## 7) 体験者の声

### ●R4通知の概要

体験談において健康食品の効果に言及されている場合において、一般消費者の誤認を招かないようにするためには、当該体験談を表示するに当たり事業者が行った調査における

①体験者の数及びその属性、
②そのうち体験談と同じような効果が得られた者が占める割合、
③体験者と同じような効果が得られなかった者が占める割合等を明瞭に表示することが推奨される

### ■下記の例などで実践されています

①埼玉消費者被害をなくす会VS整体院広告
　（2019年7月3日申入）
「貴院は、あたかも、貴院で施術を受けることによって、今まで治らなかった腰痛が簡単に完治したかのような体験談を表示しています。

　しかしながら、そのような効果について、それを裏付ける合理的な根拠を示す資料やデータが示されておりませんし、体験談を掲載するに当たり、

（ⅰ）貴院が施術を施した患者の数及びその属性、

（ⅱ）そのうち体験談と同じような効果、効能等が得られた者が占める割合、

（ⅲ）体験談と同じような効果、効能等が得られなかった者が

占める割合等を確認されておらず、各数値も持ち合わせてない
とのことでした。」

　要するに、次のような注が必要というわけです。
　ⅰ．腰痛を訴えてきた方、2019年1年間、300人、男180、女
　　　120、平均年齢58±11歳
　ⅱ．体験談と同じような効果が得られた者：73%
　ⅲ．そうでない者：27%

②ただし、この点は「％」よりも次のように有意差検定で示すほ
　うがより科学的です

「腰痛改善に関しP＜0.05。N300、男180・女120、平均年齢58
±11歳」
（消費者庁報告書はマーケティングの専門家の知見をベースとし
ているので、％ロジックを用い、医療統計のロジックを用いてい
ないと思われます）

## 8）　アフィリエイト
### ●これまで
　①アフィリエイターが景表法の責任を負わないことは、2016
　　年6月30日発「健康食品に関する景品表示法及び健康増進
　　法上の留意事項について」で明言されています（R4留意事
　　項でも変更なし）

「近年、インターネットを用いた広告手段の一つであるアフィリエイトプログラムを用いて、アフィリエイターが、アフィリエイトサイトにおいて、広告主の販売する健康食品について虚偽誇大表示等に当たる内容を掲載することがある。このようなアフィリエイトサイト上の表示についても、広告主が表示内容の決定に関与している場合（アフィリエイターに表示内容の決定を委ねている場合を含む。）には、広告主は景品表示法及び健康増進法上の措置を受けるべき事業者に当たる。アフィリエイターやアフィリエイトサービスプロバイダーは、アフィリエイトプログラムの対象となる商品を自ら供給する者ではないため、景品表示法上の措置を受けるべき事業者には当たらないが、表示内容の決定に関与している場合には、「何人も」虚偽誇大表示をしてはならないと定める健康増進法上の措置を受けるべき者に該当し得る。」（概要）

　アフィリエイターにアフィリエイトサイトの内容を任せていても、そこに虚偽誇大があれば、広告主が景表法の責任を負います。アフィリエイターは景表法対象外です。

　②消費者庁発R4.6.29指針への流れ
　アフィリエイトに関しては、R4.6.29の指針があります。そこに至る経緯は次の通り。

「アフィリエイター無責」を見直す必要があるのではないかとの声

検討会開催

それを集約したのが R4.6.29 指針

結局、見直しはなく、広告主の責任を強化する方向になった

広告主による管理責任の強化が求められた

③管理責任の強化

これまではレギュレーションの告知＝YDC「べからず集」(次ページ参照）の配布で凌ぐことができました。

今後はめぼしいところだけでも事後チェックをするべきです。

●R4.6.29指針

・アフィリエイトプログラムを利用した広告を行い、アフィリエイター等に作成を委ねた自社の表示について、自社の人員体制の制約等の理由により、全ての当該表示内容を事前に確認することが困難である場合には、例えば、表示後可能な限り早い段階で全ての当該表示内容を確認することや、成果報酬の支払額又は支払頻度が高いアフィリエイター等の表示内容を重点的に確認することや、ＡＳＰ等の他の事業者に表示内容の確認を委託すること。

※これはR4通知にも継承されています。

このため、アフィリエイトプログラムを利用する広告主は、事業者が講ずべき表示などの管理上の措置として、アフィリエイターなどの作成する表示などを確認することが必要となる場合があることに留意する必要があります。

参照）ＹＤＣ「べからず集」

　ＹＤＣではアフィリエイターに対し、OK表現・NG表現を示す「べからず集」を作成し、広告主に提供しています。これは「アフィリエイトの景表法責任は広告主が負う」というルールから広告主を守るのに大変役立っています。

---

株式会社●●●●●様へのメッセージ

1. ●●●●●特許表現はメーカーから根拠を示してもらうまでは止めてください。

2. 「お客様満足度第1位」「支持率第1位」「口コミ評価第1位」の根拠を確認したほうがよいです。

3. アフィリエイターの方々への周知方法としては、直接送って「了承しました」といった回答をもらうのがベストですがそれが難しければ、直接ないしASP経由でメールを送り、また、説明会を開くなどして可能な限りの周知に努めてください。

# ワンルームマンションから100億へ

　2006年に沖洲真弓常務と2人でメビウス製薬を立ち上げた小野浩之社長は、創業当初はワンルームマンションのオフィスで大変な船出だったようです。

オフィスが狭く、洗面台、お風呂が物置がわりでした

運ばれてきた段ボールを洗面所で片付ける現常務の沖洲さん

さすがにユニットバスのトイレを男女兼用で使うのは抵抗があり、お手洗いは近くのホテルを借りていたそうです(笑)

創業当初のワンルームマンション

　同社の経営顧問も手がけた池本克之氏のpajaposs.comが次のように伝えています。

　「今では年商100億円の急成長ベンチャーとして注目を集めるメビウス製薬ですが、10年前は年商3億円のどこにでもある小さな通販会社でした。
　今の主力商品である、『シミウス』ブランドを作る前のお話しです。メビウス製薬は、小野社長と、沖洲常務が2人で始めた会社です。
　創業から1年間の開発期間を経て、日本メーカーとして初の『BBク

リーム』の開発に成功、楽天市場を中心に、販売していました。

　発売当初から楽天での口コミでじわじわと売り上げが伸びてはいましたが、まだ利益が出るまでには程遠く、創業資金が底をつく寸前でした。

　小さなオフィスで、毎晩遅くまで働いてもまったく売り上げが伸びず、土日まで会社に行っていました。」


　その後、メビウス製薬は、薬用化粧品『シミウス』を開発し、YDCのラボで研究試験を重ね、私が考案した「シミウス併用マッサージでシミ攻略」の訴求で、グイグイ売上を伸ばし、定期顧客も30万人に至り、2022年3月、ついに100億円での株式売却を達成しました。

# 健康食品に関する景品表示法及び健康増進法上の留意事項について（新旧対照表）

| 改正後(新) | 現行(旧) |
|---|---|
| 健康食品に関する景品表示法及び健康増進法上の留意事項について | 健康食品に関する景品表示法及び健康増進法上の留意事項について |
| 　　　　　制定 平成 25 年 12 月 24 日<br>　　一部改定 平成 27 年 1 月 13 日<br>　　全部改定 平成 28 年 6 月 30 日<br>　　一部改定 令和 2 年 4 月 1 日<br>　<u>一部改定 令和 4 年 12 月 5 日</u> | 　　　　　制定 平成 25 年 12 月 24 日<br>　　一部改定 平成 27 年 1 月 13 日<br>　　全部改定 平成 28 年 6 月 30 日<br>　　一部改定 令和 2 年 4 月 1 日 |
| **第1　はじめに**<br>　　（略） | **第1　はじめに**<br>　　（略） |
| **第2　本留意事項の対象とする「健康食品」**<br>　1　健康食品<br>　(1)　健康食品<br>　　　本留意事項の対象となる商品は、「健康食品」である。<br>　　　健康増進法第 65 条第 1 項は、<u>錠剤やカプセル形状の食品のみならず、野菜、果物、調理品等その外観、形状等から明らかに一般の食品と認識される物を含め、</u>食品として販売に供する物 1 に関し、健康保持増進効果等について虚偽誇大な表示をすることを禁止している。そのため、本留意事項では、健康増進法に定める健康保持増進効果等を表示して食品として販売に供する物を「健康食品」という。<br>　(2)　保健機能食品<br>　　　（略） | **第2　本留意事項の対象とする「健康食品」**<br>　1　健康食品<br>　(1)　健康食品<br>　　　本留意事項の対象となる商品は、「健康食品」である。<br>　　　健康増進法第 65 条第 1 項は、食品として販売に供する物 1 に関し、健康保持増進効果等について虚偽誇大な表示をすることを禁止している。そのため、本留意事項では、健康増進法に定める健康保持増進効果等を表示して食品として販売に供する物を「健康食品」という。<br><br>　(2)　保健機能食品<br>　　　（略） |
| 　2　健康保持増進効果等<br>　　（略）<br>　(1)　「健康の保持増進の効果」<br>　　　（略）<br>　　ア　疾病の治療又は予防を目的とする効果 | 　2　健康保持増進効果等<br>　　（略）<br>　(1)　「健康の保持増進の効果」<br>　　　（略）<br>　　ア　疾病の治療又は予防を目的とする効果 |

例：「糖尿病、高血圧、動脈硬化の人
　　に」、「末期ガンが治る」、「虫歯になら
　　ない」、「生活習慣病予防」、「骨粗しょ
　　う症予防」、「アレルギー症状を緩和
　　する」、「花粉症に効果あり」、「インフ
　　ルエンザ、コロナウイルスの予防に」、
　　「便秘改善」、「認知症予防」
　イ　身体の組織機能の一般的増強、
　　　増進を主たる目的とする効果
例：「疲労回復」、「強精（強性）強壮」、
　　「体力増強」、「食欲増進」、「新陳代
　　謝を盛んにする」、「老化防止」、「若
　　返り」、「アンチエイジング」、「免疫機
　　能の向上」、「免疫力を高める」、「疾
　　病に対する治癒力を増強します」、
　　「集中力を高める」、「脂肪燃焼を促
　　進！」、「細胞の活性化」、「治癒力が増
　　す」、「○○○は、活性酸素除去酵素
　　を増加させます」、「歩行能力改善」
　ウ　特定の保健の用途に適する旨の
　　　効果
　　（略）
例：「本品はおなかの調子を整えます」、
　　「この製品は血圧が高めの方に適
　　する」、「コレステロールの吸収を抑
　　える」、「食後の血中中性脂肪の上昇
　　を抑える」、「体脂肪を減らすのを助
　　ける」、「本品は骨密度を高める働き
　　のある○○○（成分名）を含んでお
　　り、骨の健康が気になる方に適する」、
　　「本品には○○○（成分名）が含ま
　　れます。○○○（成分名）には食事の
　　脂肪や糖分の吸収を抑える機能が
　　あることが報告されています。」
　エ　栄養成分の効果
例：「カルシウムは、骨や歯の形成に必
　　要な栄養素です」、「ビタミンＤは、腸
　　管でのカルシウムの吸収を促進し、
　　骨の形成を助ける栄養素です」
（2）（略）
（3）「健康保持増進効果等」を暗示的
　　又は間接的に表現するもの

例：「糖尿病、高血圧、動脈硬化の人
　　に」、「末期ガンが治る」、「虫歯になら
　　ない」、「生活習慣病予防」、「骨粗しょ
　　う症予防」、「アレルギー症状を緩和
　　する」、「花粉症に効果あり」、「インフ
　　ルエンザの予防に」、「便秘改善」
　イ　身体の組織機能の一般的増強、
　　　増進を主たる目的とする効果
例：「疲労回復」、「強精（強性）強壮」、
　　「体力増強」、「食欲増進」、「老化防
　　止」、「免疫機能の向上」、「疾病に対
　　する自然治癒力を増強します」、「集
　　中力を高める」、「脂肪燃焼を促進！」

　ウ　特定の保健の用途に適する旨の
　　　効果
　　（略）
例：「本品はおなかの調子を整えます」、
　　「この製品は血圧が高めの方に適
　　する」、「コレステロールの吸収を抑
　　える」、「食後の血中中性脂肪の上昇
　　を抑える」、「本品には○○○（成分
　　名）が含まれます。○○○（成分名）
　　には食事の脂肪や糖分の吸収を抑
　　える機能があることが報告されてい
　　ます。」

　エ　栄養成分の効果
例：「カルシウムは、骨や歯の形成に必
　　要な栄養素です」

（2）（略）
（3）「健康保持増進効果等」を暗示的
　　又は間接的に表現するもの

| | |
|---|---|
| （略）<br>ア　名称又はキャッチフレーズにより表示するもの<br>例：「ほね元気」、「延命○○」、「妊活」、「腸活」、「快便食品（特許第○○○号）」、「スリム○○」、「減脂○○」、「血糖下降茶」、「血液サラサラ」、「デトックス○○」、「カラダにたまった余分なものをスッキリ」<br>イ、ウ（略）<br>エ　身体の組織機能等に係る不安や悩みなどの問題事項を例示して表示するもの<br>例：「こんなお悩みありませんか?疲れが取れない。健康診断で○○の指摘を受けた。運動や食事制限が苦手。いつもリバウンドしてしまう。メタボが気になる。」、「最近、体力の衰えを感じるのは、○○が不足しているせいかもしれません。」、「年齢とともに、低下する○○成分」<br>オ　新聞、雑誌等の記事、医師、学者等の談話やアンケート結果、学説、体験談などを引用又は掲載することにより表示するもの<br>例：（略）<br>カ　医療・薬事・栄養等、国民の健康の増進に関連する事務を所掌する行政機関（外国政府機関を含む。）や研究機関等により、効果等に関して認められている旨を表示するもの<br>例：（略）<br>　なお、前記(1)ア及びイのような医薬品的な効果効能を標ぼうするものは、医薬品医療機器等法上の医薬品とみなされ、野菜、果物、調理品等その外観、形状等から明らかに食品と認識される物 3 を除き、原則として、医薬品医療機器等法上の承認を受けずにその名称、製造方法、効能、効果に関する広告をしてはならない（医薬品医療機器等法第68 | （略）<br>ア　名称又はキャッチフレーズにより表示するもの<br>例：「ほね元気」、「延命○○」、「快便食品（特許第○○○号）」、「血糖下降茶」、「血液サラサラ」<br><br>イ、ウ（略）<br>（新規）<br><br>エ　新聞、雑誌等の記事、医師、学者等の談話やアンケート結果、学説、体験談などを引用又は掲載することにより表示するもの<br>例：（略）<br>オ　医療・薬事・栄養等、国民の健康の増進に関連する事務を所掌する行政機関（外国政府機関を含む。）や研究機関等により、効果等に関して認められている旨を表示するもの<br>例：（略）<br>　なお、前記(1)ア及びイのような医薬品的な効果効能を標ぼうするものは、医薬品医療機器等法上の医薬品とみなされ、野菜、果物、調理品等その外観、形状等から明らかに食品と認識される物を除き、原則として、医薬品医療機器等法上の承認を受けずにその名称、製造方法、効能、効果に関する広告をしてはならない（医薬品医療機器等法第68 |

条）。したがって、前記(1)ア及びイに掲げる健康保持増進効果等の表示は、当該表示が著しく事実に相違するものであるか、著しく人を誤認させる表示であるかを問わず、医薬品としての承認を受けない限り、表示することはできない4。

また、販売に供する食品につき、前記(1)ウの特定の保健の用途に適する旨の表示をしようとする者は、消費者庁長官の許可を受けなければならない（健康増進法第43条第1項）。したがって、特定の保健の用途に適する旨の表示は、当該表示が著しく事実に相違するものであるか、著しく人を誤認させるものであるかを問わず、消費者庁長官の許可を受けない限りすることができない5。

さらに、前記(1)エの栄養成分の効果の表示をする者は、食品表示基準に従った表示をしなければならない5。したがって、栄養成分の効果の表示をする場合には、当該表示が著しく事実に相違するものであるか、著しく人を誤認させるものであるかを問わず、食品表示基準に従って表示をしなければならない。

**第3　景品表示法及び健康増進法について**
1　景品表示法及び健康増進法の目的
　（略）

2　景品表示法及び健康増進法上の「表示」
　景品表示法及び健康増進法上の表示は、景品表示法第2条第4項に定める「表示」又は健康増進法第65条第1項に定める「広告その他の表示」である6。具体的には、顧客を誘引するための手段として行う広告その他の表示であって、次に掲げるものをいう。
　（略）
　なお、広告その他の表示において、具体的な商品名が明示されていない場

条）。したがって、前記(1)ア及びイに掲げる健康保持増進効果等の表示は、当該表示が著しく事実に相違するものであるか、著しく人を誤認させる表示であるかを問わず、医薬品としての承認を受けない限り、表示することはできない3。

また、販売に供する食品につき、前記(1)ウの特定の保健の用途に適する旨の表示をしようとする者は、消費者庁長官の許可を受けなければならない（健康増進法第43条第1項）。したがって、特定の保健の用途に適する旨の表示は、当該表示が著しく事実に相違するものであるか、著しく人を誤認させるものであるかを問わず、消費者庁長官の許可を受けない限りすることができない4。

さらに、前記(1)エの栄養成分の効果の表示をする者は、食品表示基準に従った表示をしなければならない4。したがって、栄養成分の効果の表示をする場合には、当該表示が著しく事実に相違するものであるか、著しく人を誤認させるものであるかを問わず、食品表示基準に従って表示をしなければならない。

**第3　景品表示法及び健康増進法について**
1　景品表示法及び健康増進法の目的
　（略）

2　景品表示法及び健康増進法上の「表示」
　景品表示法及び健康増進法上の表示は、景品表示法第2条第4項に定める「表示」又は健康増進法第65条第1項に定める「広告その他の表示」である5。具体的には、顧客を誘引するための手段として行う広告その他の表示であって、次に掲げるものをいう。
　（略）
　なお、広告その他の表示において、具体的な商品名が明示されていない場

合であっても、そのことをもって直ちに景品表示法及び健康増進法上の「表示」に該当しないと判断されるものではない。商品名を広告等において表示しない場合であっても、広告等における説明などによって特定の商品に誘引するような事情が認められるときは、景品表示法及び健康増進法上の「表示」に該当する。例えば、

・特定の食品や成分の健康保持増進効果等に関する書籍や冊子、ウェブサイト等の形態をとっている場合であっても、その説明の付近にその食品の販売業者の連絡先やウェブサイトへのリンクを一般消費者が容易に認知できる形で記載しているようなとき、・特定の食品や成分の健康保持増進効果等に関する広告等に記載された問合せ先に連絡した一般消費者に対し、特定の食品や成分の健康保持増進効果等に関する情報が掲載された冊子とともに、特定の商品に関する情報が掲載された冊子や当該商品の無料サンプルが提供されるなど、それら複数の広告等が一体となって当該商品自体の購入を誘引していると認められるとき、

・特定の食品や成分の名称を商品名やブランド名とすることなどにより、特定の食品や成分の健康保持増進効果等に関する広告等に接した一般消費者に特定の商品を想起させるような事情が認められるときは、当該広告その他の表示は、景品表示法及び健康増進法上の「表示」に当たる。

3　規制の対象となる者
(1)、(2) (略)
(3)　表示をした事業者
　　(略)
　　近年、広告主がインターネットを用いた広告手法の一つであるアフィリエ

---

合であっても、そのことをもって直ちに景品表示法及び健康増進法上の「表示」に該当しないと判断されるものではない。商品名を広告等において表示しない場合であっても、広告等における説明などによって特定の商品に誘引するような事情が認められるときは、景品表示法及び健康増進法上の「表示」に該当する。例えば、特定の食品や成分の健康保持増進効果等に関する書籍や冊子、ウェブサイト等の形態をとっている場合であっても、その説明の付近にその食品の販売業者の連絡先やウェブサイトへのリンクを一般消費者が容易に認知できる形で記載しているようなときは、景品表示法及び健康増進法上の「表示」に当たる。

3　規制の対象となる者
(1)、(2) (略)
(3)　表示をした事業者
　　(略)
　　近年、インターネットを用いた広告手法の一つであるアフィリエイトプログ

イトプログラムを用いることによって、アフィリエイターが、アフィリエイトサイトにおいて、広告主の販売する健康食品について虚偽誇大表示等に当たる内容を掲載することがある。このようなアフィリエイトサイト上の表示について、広告主がその表示内容を具体的に認識していない場合であっても、広告主自らが表示内容を決定することができるにもかかわらず他の者であるアフィリエイターに表示内容の決定を委ねている場合など、表示内容の決定に関与したと評価される場合には、広告主は景品表示法及び健康増進法上の措置を受けるべき事業者に当たる。このため、アフィリエイトプログラムを利用する広告主は、事業者が講ずべき表示等の管理上の措置7として、アフィリエイター等の作成する表示等を確認することが必要となる場合があることに留意する必要がある。

　他方、アフィリエイターやアフィリエイトサービスプロバイダー8は、通常、アフィリエイトプログラムの対象となる広告主の商品を自ら供給する者ではないため、景品表示法上の措置を受けるべき事業者には当たらない。しかし、これらの者も表示内容の決定に関与している場合には、「何人も」虚偽誇大表示をしてはならないと定める健康増進法上の措置を受けるべき者に該当し得る。

4　禁止される表示
(1)（略）
(2) 健康増進法上の虚偽誇大表示
　　（略）
　　ア　（略）
　　イ　人を誤認させる表示
　　　　（略）
　　　・健康保持増進効果等に関し、メリットとなる情報を断定的に表示

ラムを用いて、アフィリエイターが、アフィリエイトサイトにおいて、広告主の販売する健康食品について虚偽誇大表示等に当たる内容を掲載することがある。このようなアフィリエイトサイト上の表示についても、広告主がその表示内容の決定に関与している場合（アフィリエイターに表示内容の決定を委ねている場合を含む。）には、広告主は景品表示法及び健康増進法上の措置を受けるべき事業者に当たる。

　アフィリエイターやアフィリエイトサービスプロバイダー6は、アフィリエイトプログラムの対象となる商品を自ら供給する者ではないため、景品表示法上の措置を受けるべき事業者には当たらないが、表示内容の決定に関与している場合には、「何人も」虚偽誇大表示をしてはならないと定める健康増進法上の措置を受けるべき者に該当し得る。

4　禁止される表示
(1)（略）
(2) 健康増進法上の虚偽誇大表示
　　（略）
　　ア　（略）
　　イ　人を誤認させる表示
　　　　（略）
　　　・健康保持増進効果等に関し、メリットとなる情報を断定的に表示

しているにもかかわらず、デメリットとなる情報（効果が現れない者が実際にいること、一定の条件下でなければ効果が得られにくいこと等）が表示されておらず、又は著しく一般消費者が認識し難い方法で表示されている

（略）

ウ　「著しく」

（略）

　また、近年、インターネット上の口コミサイト9や著名人のブログ等において、実際には特定の健康食品の広告宣伝であるにもかかわらず、その旨を明示せずに、当該食品の購入者個人による自発的な表明であるかのようになされる広告宣伝（いわゆるステルスマーケティング）が社会的な問題となっている。このような広告宣伝は、一般消費者を誤認させるおそれがあり、その商品の健康保持増進効果等について、著しく事実に相違する場合又は著しく人を誤認させるような場合には、虚偽誇大表示等に該当するおそれがある。例えば、健康食品を販売する事業者が、口コミ投稿の代行を行う事業者に依頼し、その事業者が販売する健康食品に関するサイトの口コミ情報コーナーに口コミを多数書き込ませ、口コミサイト上の評価自体を変動させて、もともと口コミサイト上でその健康食品に対する好意的な評価はさほど多くなかったにもかかわらず、その健康食品の健康保持増進効果等について、あたかも一般消費者の多数から好意的評価を受けているかのように表示させることは、虚偽誇大表示等に当たるおそれがある。一般消費者は、通常、口コミサイト等の口コミ情報は中立・公正な第三者によって書き込まれたものと認識することから、このような口コミ情報は、ある程

しているにもかかわらず、デメリットとなる情報（効果が現れない者が実際にいること、一定の条件下でなければ効果が得られにくいこと等）が表示されておらず、又は著しく消費者が認識し難い方法で表示されている

（略）

ウ　「著しく」

（略）

　また、近年、インターネット上の口コミサイト7やブログ等において、実際には特定の健康食品の広告宣伝であるにもかかわらず、その旨を明示せずに、当該食品の購入者個人による自発的な表明であるかのようになされる広告宣伝が社会的な問題となっている。このような広告宣伝は、一般消費者を誤認させるおそれがあり、その商品の健康保持増進効果等について、著しく事実に相違する場合又は著しく人を誤認させるような場合には、虚偽誇大表示等に該当するおそれがある。例えば、健康食品を販売する事業者が、口コミ投稿の代行を行う事業者に依頼し、その事業者が販売する健康食品に関するサイトの口コミ情報コーナーに口コミを多数書き込ませ、口コミサイト上の評価自体を変動させて、もともと口コミサイト上でその健康食品に対する好意的な評価はさほど多くなかったにもかかわらず、その健康食品の健康保持増進効果等について、あたかも一般消費者の多数から好意的評価を受けているかのように表示させることは、虚偽誇大表示等に当たるおそれがある。一般消費者は、通常、口コミサイト等の口コミ情報は中立・公正な第三者によって書き込まれたものと認識することから、このような口コミ情報は、ある程度の誇張がなされることが想定されている広告

度の誇張がなされることが想定されている広告よりも、一般消費者の商品選択に与える影響が一般的に大きいと考えられる。そのため、健康食品の販売事業者等が書き込んだ（第三者に口コミ等を書き込むように依頼した場合を含む。）口コミ情報によって表示される健康保持増進効果等と実際の健康保持増進効果等に相違がある場合には、通常、「著しく」に該当する。

5 不実証広告規制（景品表示法第7条第2項）
（略）
景品表示法第7条第2項の適用対象となる表示とは、景品表示法第5条第1号が適用される商品・サービスの内容に関する表示であり、合理的な根拠なく商品・サービスの効果や性能の著しい優良性を示す表示を迅速に規制できるようにするという景品表示法第7条第2項の趣旨に鑑み、主に商品・サービスの内容に関する表示の中でも、表示されたとおりの効果、性能があるか否かを客観的に判断することが難しい痩身効果、空気清浄機能等のような効果、性能に関する表示に対して同項を適用している。健康食品の健康保持増進効果に関する表示も上記の適用対象に含まれるため、同項の考え方を理解することは極めて重要である。
（略）
⑴ （略）
⑵ 表示された効果と提出資料によって実証された内容が適切に対応していないもの
例：（略）
例：（略）
例：（略）
例：（略）
例：痩身効果を標ぼうする商品に関し、商品を用いたヒト試験の報告書が提

よりも、一般消費者の商品選択に与える影響が一般的に大きいと考えられる。そのため、健康食品の販売事業者等が書き込んだ（第三者に口コミ等を書き込むように依頼した場合を含む。）口コミ情報によって表示される健康保持増進効果等と実際の健康保持増進効果等に相違がある場合には、通常、「著しく」に該当する。

5 不実証広告規制（景品表示法第7条第2項）
（略）
景品表示法第7条第2項の適用対象となる表示とは、景品表示法第5条第1号が適用される商品・サービスの内容に関する表示である。もっとも、合理的な根拠なく商品・サービスの効果や性能の著しい優良性を示す表示を迅速に規制できるようにするという景品表示法第7条第2項の趣旨に鑑み、商品・サービスの内容に関する表示の中でも、表示されたとおりの効果、性能があるか否かを客観的に判断することが難しい痩身効果、空気清浄機能等のような効果、性能に関する表示に対して同項を適用することとしている。健康食品の健康保持増進効果に関する表示も上記の適用対象に含まれるため、同項の考え方を理解することは極めて重要である。
（略）
⑴ （略）
⑵ 表示された効果と提出資料によって実証された内容が適切に対応していないもの
例：（略）
例：（略）
例：（略）
（新規）

出されたが、内臓脂肪や体重の減少
について、実証された内容と表示され
た効果が著しく乖離していた。
例：特段の運動や食事制限をすること
なく摂取するだけで痩身効果が得ら
れることを標ぼうする商品に関し、商
品を用いたヒト試験の報告書が提出
されたが、ヒト試験の被験者に対して
運動や食事制限の介入指導が行われ
ていた。
例：糖質や脂質の吸収抑制効果を標ぼ
うする商品に関し、商品を用いたヒト
試験の報告書が提出されたが、吸収
抑制効果について、実証された内容
と表示された効果が著しく乖離してい
た。
例：免疫力が高まることにより疾病の治
療又は予防の効果が得られることを
標ぼうする商品に関し、商品の成分が
一部の免疫細胞を活性化することに
関する試験データが提出されたが、疾
病の治療又は予防の効果に係る本件
商品の有効性を実証するものではな
かった。

6　違反行為に対する措置
(1)　景品表示法違反行為に対する措置
（略）
平成28年4月1日以降に事業者
が不当な表示をする行為をした場合、
景品表示法第5条第3号に該当する
表示に係るものを除き、消費者庁長
官は、当該事業者に対し、課徴金の
納付を命じなければならない（景品表
示法第8条第1項本文）。都道府県知
事は課徴金納付命令権限を有してい
ないため、課徴金納付命令があるこ
とが見込まれる景品表示法違反被疑
事件については、消費者庁が単独で、
又は消費者庁と都道府県が共同して
（都道府県は措置命令に関する事実
を、消費者庁は課徴金納付命令に関

6　違反行為に対する措置
(1)　景品表示法違反行為に対する措置
（略）
平成28年4月1日以降に事業者
が不当な表示をする行為をした場合、
景品表示法第5条第3号に該当する
表示に係るものを除き、消費者庁長
官は、当該事業者に対し、課徴金の
納付を命じなければならない（景品表
示法第8条第1項本文）。都道府県知
事は課徴金納付命令権限を有してい
ないため、課徴金納付命令があるこ
とが見込まれる景品表示法違反被疑
事件については、消費者庁が単独で、
又は消費者庁と都道府県が共同して
（都道府県は措置命令に関する事実
を、消費者庁は課徴金納付命令に課

する事実を）調査の上、所定の要件を
満たした場合、消費者庁長官が課徴
金納付命令を行うこととなる。
　(2)　（略）

**第4　景品表示法及び健康増進法上問題と
　　なる表示例**
　（略）

　1　保健機能食品において問題となる表
　　示例
　　（略）
　(1)　特定保健用食品
　　ア　許可を受けた表示内容を超える
　　　表示10
　　　　表示を許可された保健の用途を
　　　超える表示を行うことは、許可表示
　　　から期待される保健の用途を超え
　　　る過大な効果があるかのような誤
　　　認を与えるとともに、このような過大
　　　な効果についても、国が許可してい
　　　るかのような誤認を<u>一般消費者</u>に
　　　与えることから、虚偽誇大表示等に
　　　当たるおそれがある。
　　例：許可を受けた表示内容が「本品は、
　　　食後の血中中性脂肪の上昇を抑え
　　　る○○を含んでおり、脂肪の多い
　　　食事をとりがちな人の食生活改善
　　　に役立ちます。」であるにもかかわ
　　　らず、広告や容器包装等において
　　　「体脂肪を減らす」11 などと表示
　　　すること
　　　（略）
　　イ　試験結果やグラフの使用方法が
　　　不適切な表示
　　　　広告や容器包装等において試験
　　　結果やグラフを使用することが、直
　　　ちに虚偽誇大表示等に当たるもの
　　　ではない。しかし、試験結果やグラ
　　　フを不適切に使用することにより、
　　　<u>一般消費者</u>に誤認される表示をす
　　　る場合には、その表示は虚偽誇大

する事実を）調査の上、所定の要件を
満たした場合、消費者庁長官が課徴
金納付命令を行うこととなる。
　(2)　（略）

**第4　景品表示法及び健康増進法上問題と
　　なる表示例**
　（略）

　1　保健機能食品において問題となる表
　　示例
　　（略）
　(1)　特定保健用食品
　　ア　許可を受けた表示内容を超える
　　　表示8
　　　　表示を許可された保健の用途を
　　　超える表示を行うことは、許可表示
　　　から期待される保健の用途を超え
　　　る過大な効果があるかのような誤
　　　認を与えるとともに、このような過大
　　　な効果についても、国が許可してい
　　　るかのような誤認を消費者に与える
　　　ことから、虚偽誇大表示等に当たる
　　　おそれがある。
　　例：許可を受けた表示内容が「本品は、
　　　食後の血中中性脂肪の上昇を抑え
　　　る○○を含んでおり、脂肪の多い
　　　食事をとりがちな人の食生活改善
　　　に役立ちます。」であるにもかかわ
　　　らず、広告や容器包装等において
　　　「体脂肪を減らす」9 などと表示す
　　　ること
　　　（略）
　　イ　試験結果やグラフの使用方法が
　　　不適切な表示
　　　　広告や容器包装等において試験
　　　結果やグラフを使用することが、直
　　　ちに虚偽誇大表示等に当たるもの
　　　ではない。しかし、試験結果やグラ
　　　フを不適切に使用することにより、
　　　消費者に誤認される表示をする場
　　　合には、その表示は虚偽誇大表示

| | |
|---|---|
| 表示等に当たるおそれがある。<br>（略）<br>ウ　アンケートやモニター調査等の使用方法が不適切な表示広告や容器包装等においてアンケートやモニター調査等の結果を使用することが、直ちに虚偽誇大表示等に当たるものではない。しかし、アンケートやモニター調査等の結果を不適切に使用することにより、<u>一般消費者に</u>誤認される表示をする場合には、その表示は虚偽誇大表示等に当たるおそれがある。<br>（略）<br>エ　（略）<br><u>オ　特定保健用食品の許可の要件を満たしたものであるかのような表示</u><br><u>特定保健用食品として消費者庁長官の許可を受け、当該許可の要件を満たしたものであるかのように示す表示をしていたにもかかわらず、実際には品質管理として、包装後の製品における関与成分についての試験検査が行われていないなど、健康増進法第43条第1項の規定に基づく特定保健用食品の許可の要件を満たしていない場合には、その表示は虚偽誇大表示等に当たるおそれがある。</u><br>(2)　機能性表示食品12<br>　ア　届出内容を超える表示<br>　　（略）<br>例：（略）<br>例：（略）<br><u>例：届出表示の内容が「肥満気味の方の内臓脂肪を減らすのを助ける機能性がある。」であるにもかかわらず、表示全体から、あたかも、特段の運動や食事制限をすることなく、誰でも容易に腹部の痩身効果が得られるかのように表示すること</u><br>　イ　特定保健用食品と誤認される表示 | 等に当たるおそれがある。<br>（略）<br>ウ　アンケートやモニター調査等の使用方法が不適切な表示広告や容器包装等においてアンケートやモニター調査等の結果を使用することが、直ちに虚偽誇大表示等に当たるものではない。しかし、アンケートやモニター調査等の結果を不適切に使用することにより、消費者に誤認される表示をする場合には、その表示は虚偽誇大表示等に当たるおそれがある。<br>（略）<br>エ　（略）<br><u>（新規）</u><br><br>(2)　機能性表示食品10<br>　ア　届出内容を超える表示<br>　　（略）<br>例：（略）<br>例：（略）<br><u>（新規）</u><br><br><br><br>　イ　特定保健用食品と誤認される表示 |

| | |
|---|---|
| （略）<br>例：（略）<br>例：特定保健用食品として<u>一般消費者</u><u>に認知度の高い</u>既存の食品と、商品名やデザイン、含有成分、キャッチコピー等を類似させるなど、当該特定保健用食品の保健の用途を連想させる表示をすること<br>　ウ　（略）<br>　エ　表示の裏付けとなる科学的根拠が合理性を欠いている場合<br>（略）<br>例：（略）<br>例：（略）<br>例：（略）<br>例：（略）<br>例：（略）<br>　なお、機能性表示食品については、<u>「機能性表示食品に対する食品表示</u><u>等関係法令に基づく事後的規制（事</u><u>後チェック）の透明性の確保等に関す</u><u>る指針」（令和２年３月24日消表対第</u><u>518号、消食表第81号消費者庁次</u><u>長通知）に景品表示法上問題となる</u><u>おそれのある広告その他の表示として</u><u>虚偽誇大表示等に当たるおそれのあ</u><u>る考え方が詳細に示されているので、</u><u>参照されたい。</u><br>（3）栄養機能食品<br>　ア　国が定める基準に係る栄養成分以外の成分の機能の表示13<br>（略）<br>　イ　国が定める基準を満たさない食品についての栄養成分の機能の表示<br>（略）<br>例：商品の一日当たりの摂取目安量に含まれるカルシウムの量が100mgであるにもかかわらず、「カルシウムは、骨や歯の形成に必要な栄養素です」と表示すること14 | （略）<br>例：（略）<br>例：特定保健用食品として消費者に認知度の高い既存の食品と、商品名やデザイン、含有成分、キャッチコピー等を類似させるなど、当該特定保健用食品の保健の用途を連想させる表示をすること<br>　ウ　（略）<br>　エ　表示の裏付けとなる科学的根拠が合理性を欠いている場合<br>（略）<br>例：（略）<br>例：（略）<br>例：（略）<br>例：（略）<br>例：（略）<br>（<u>新規</u>）<br><br><br><br><br><br><br><br><br><br><br><br>（3）栄養機能食品<br>　ア　国が定める基準に係る栄養成分以外の成分の機能の表示11<br>（略）<br>　イ　国が定める基準を満たさない食品についての栄養成分の機能の表示<br>（略）<br>例：商品の一日当たりの摂取目安量に含まれるカルシウムの量が100mgであるにもかかわらず、「カルシウムは、骨や歯の形成に必要な栄養素です」と表示すること12 |

2 保健機能食品以外の健康食品（いわゆる健康食品）において問題となる表示例

(1) 解消に至らない身体の組織機能等に係る不安や悩みなどの問題事項等の例示

　健康食品が有する健康保持増進効果等では解消に至らない疾病症状のような身体の組織機能等に係る不安や悩みなどの問題事項を例示して表示することは、一般消費者が、表示全体から受ける印象によって健康食品を摂取するだけで当該身体の組織機能等に係る問題が解消されるものと誤認するおそれがあり、虚偽誇大表示等に当たるおそれがある。また、健康食品が有する健康保持増進効果等ではおよそ得られない身体の組織機能等の変化をイラストや写真を用いることなどにより表示することは、一般消費者が、表示全体から受ける印象によって健康食品を摂取するだけで容易に身体の組織機能等の変化を得られるものと誤認するおそれがあり、虚偽誇大表示等に当たるおそれがある。

例：実際には、運動や食事制限を併用することにより内臓脂肪の減少効果が得られるものであるにもかかわらず、「こんなお悩みありませんか？最近おなか周りが気になる、健康診断で内臓脂肪について指摘を受けた、運動が苦手、食べすぎを我慢できない」等と表示すること

(2) 医師又は歯科医師の診断、治療等によることなく疾病を治癒できるかのような表示

　動脈硬化や糖尿病のような疾患15は、医師による診断・治療等が必要であり、健康食品において、このような表示があった場合、一般消費者は、当該健康食品を摂取すれば、医師による診断・治療等によらなくとも、疾

2 保健機能食品以外の健康食品（いわゆる健康食品）において問題となる表示例

(新規)

(1) 医師又は歯科医師の診断、治療等によることなく疾病を治癒できるかのような表示

　動脈硬化や糖尿病のような疾患13は、医師による診断・治療等が必要であり、健康食品において、このような表示があった場合、一般消費者は、当該健康食品を摂取すれば、医師による診断・治療等によらなくとも、疾

病が治癒するものと誤認するおそれがある。したがって、このような表示は、虚偽誇大表示等に該当するおそれがある。また、このほかにも、医師による診断・治療等によらなければ治癒が期待できない疾患について、疾病等を有する者、疾病等の予防を期待する者を摂取対象とする旨の表現を用いた表示は、一般消費者に疾病治療又は予防効果があるかのような誤認を与えるものであり、虚偽誇大表示等に当たるおそれがある。

（略）

(3) 健康食品を摂取するだけで、特段の運動や食事制限をすることなく、短期間で容易に著しい痩身効果が得られるかのような表示

健康食品の中には、痩身効果を標ぼうするものが多く見受けられる。しかし、消費エネルギーが摂取エネルギーを上回らない限り、人は痩せないのであって、特定の健康食品を摂取するだけで、特段の運動や食事制限をすることなく、短期間で容易に痩身効果が得られることはない。適切な運動や食事制限をしながら、人が痩せることができるのは、6か月間で4kg から5kg 程度までである16。したがって、このような表示は、虚偽誇大表示等に当たるおそれがある。

例：（略）

(4) 最上級又はこれに類する表現を用いている場合

（略）

また、健康食品の広告等において、例えば「ダイエット部門売上No.1」、「顧客満足度ランキング第1位」などと強調する表示（いわゆる「No.1表示」）が行われることがあるが、その商品等の内容の優良性又は取引条件の有利性を表すNo.1表示が合理的な根拠に基づかないなど、事実と異な

病が治癒するものと誤認するおそれがある。したがって、このような表示は、虚偽誇大表示等に該当するおそれがある。また、このほかにも、医師による診断・治療等によらなければ治癒が期待できない疾患について、疾病等を有する者、疾病等の予防を期待する者を摂取対象とする旨の表現を用いた表示は、一般消費者に疾病治療又は予防効果があるかのような誤認を与えるものであり、虚偽誇大表示等に当たるおそれがある。

（略）

(2) 健康食品を摂取するだけで、特段の運動や食事制限をすることなく、短期間で容易に著しい痩身効果が得られるかのような表示

健康食品の中には、痩身効果を標ぼうするものが多く見受けられる。しかし、消費エネルギーが摂取エネルギーを上回らない限り、人は痩せないのであって、特定の健康食品を摂取するだけで、特段の運動や食事制限をすることなく、短期間で容易に痩身効果が得られることはない。適切な運動や食事制限をしながら、人が痩せることができるのは、6か月間で4kg から5kg 程度までである14。したがって、このような表示は、虚偽誇大表示等に当たるおそれがある。

例：（略）

(3) 最上級又はこれに類する表現を用いている場合

（略）

（新規）

る場合には、虚偽誇大表示等に該当するおそれがある。さらに、No.1 表示の根拠となる具体的な調査条件や出典等が明瞭に記載されておらず、一般消費者に実際のものよりも著しく優良なもの又は有利なものと誤認させる表示をする場合には、虚偽誇大表示等に該当するおそれがある。

(5)　体験談の使用方法が不適切な表示

　　実際に商品を摂取した者の体験談を広告等において使用することが、直ちに虚偽誇大表示等に当たるものではない。しかし、体験談を不適切に使用することにより、一般消費者に誤認される表示をする場合には、その表示は虚偽誇大表示等に当たるおそれがある17。

　　また、「個人の感想です」、「効果を保証するものではありません」、「軽い運動を併用した結果です」等の表示をしたとしても、虚偽誇大表示等に当たるか否かの判断に影響を与えるものではなく、本件商品に含まれる成分の効果を強調する表示や、体験談等を含む表示内容全体から、当該商品に健康保持増進効果等があるものと一般消費者に認識されるにもかかわらず、実際にはそのような効果がない場合には、その表示は虚偽誇大表示等に当たる。

例：(略)
例：(略)
例：(略)
例：(略)
例：メリットとなる情報を断定的に表示しているにもかかわらず、デメリットとなる情報（効果が現れない者が実際にいること、一定の条件下でなければ効果が得られにくいこと等）が示されていない、又は一般消費者が認識し難い方法で表示されている場合

(4)　体験談の使用方法が不適切な表示

　　実際に商品を摂取した者の体験談を広告等において使用することが、直ちに虚偽誇大表示等に当たるものではない。しかし、体験談を不適切に使用することにより、消費者に誤認される表示をする場合には、その表示は虚偽誇大表示等に当たるおそれがある。

　　なお、「個人の感想です」、「効果を保証するものではありません」等の表示をしたとしても、虚偽誇大表示等に当たるか否かの判断に影響を与えるものではなく、体験談等を含む表示内容全体から、当該商品に健康保持増進効果等があるものと一般消費者に認識されるにもかかわらず、実際にはそのような効果がない場合には、その表示は虚偽誇大表示等に当たる。

例：(略)
例：(略)
例：(略)
例：(略)
例：メリットとなる情報を断定的に表示しているにもかかわらず、デメリットとなる情報（効果が現れない者が実際にいること、一定の条件下でなければ効果が得られにくいこと等）が示されていない、又は消費者が認識し難い方法で表示されている場合

<u>(6)</u> 試験結果やグラフの使用方法が不
　適切な表示

　　広告や容器包装等において試験結
　果やグラフを使用することが、直ちに
　虚偽誇大表示等に当たるものではな
　い。しかし、試験結果やグラフを不適
　切に使用することにより、<u>一般消費者</u>
　に誤認される表示をする場合には、そ
　の表示は虚偽誇大表示等に当たるお
　それがある。

例：(略)
例：(略)
例：(略)

<u>(7)</u> 行政機関等の認証等に関する不適
　切な表示
　　(略)

<u>(8)</u> 価格等の取引条件について誤認さ
　せる表示
　　(略)

　　なお、不当な価格表示についての
　景品表示法の考え方については、「不
　当な価格表示についての景品表示法
　上の考え方」(平成12年6月30日公
　正取引委員会)を参照されたい。

例：(略)
例：(略)

3　問題となる広告例
　(略)
(1)、(2)(略)

## 第5　違反事例

(1)景品表示法違反事例
　　H23.11.25 ～ H28.3.31 の「違反
　法条」は、不当景品類及び不当表示
　防止法等の一部を改正する等の法律
　(平成26年法律第118号)による改
　正前の景品表示法の条文である。
　　なお、これら健康食品の表示に対
　する措置においては、健康増進法(第
　65条第1項への抵触のおそれ)の指
　導も併せて実施している。

<u>(5)</u> 体験結果やグラフの使用方法が不
　適切な表示

　　広告や容器包装等において試験結
　果やグラフを使用することが、直ちに
　虚偽誇大表示等に当たるものではな
　い。しかし、試験結果やグラフを不適
　切に使用することにより、消費者に誤
　認される表示をする場合には、その表
　示は虚偽誇大表示等に当たるおそれ
　がある。

例：(略)
例：(略)
例：(略)

<u>(6)</u> 行政機関等の認証等に関する不適
　切な表示
　　(略)

<u>(7)</u> 価格等の取引条件について誤認さ
　せる表示
　　(略)

　　なお、不当な価格表示についての
　景品表示法の考え方については、「不
　当な価格表示についての景品表示法
　の考え方」(平成12年6月30日公正
　取引委員会)を参照されたい。

例：(略)
例：(略)

3　問題となる広告例
　(略)
(1)、(2)(略)

## 第5　違反事例

(1)景品表示法違反事例
　　ア　措置命令(「違反法条」は、不当
　景品類及び不当表示防止法等の一
　部を改正する等の法律(平成26年法
　律第118号)による改正前の景品表
　示法の条文である。)

| | |
|---|---|
| 　（以下、表を省略）<br>　　（H29.2.14 〜 R4.4.5 の事例を追加）<br>　<u>（削除）</u><br><br><br>　⑵　健康増進法勧告事例<br>　　（略）<br>　<u>（削除）</u> | 　（以下、表を省略）<br><br>　<u>イ　指導</u><br><u>　（以下、表を省略）</u><br><br>　⑵　健康増進法勧告事例<br>　　（略）<br>　<u>⑶　景品表示法及び健康増進法に基</u><br><u>　づく指導事例</u><br><u>　　（略）</u> |
| 【注釈】<br>1、2（略）<br><br><u>3　当然ながら明らかに食品と認識される物</u><br><u>に関して虚偽誇大な表示をするときは、景品</u><br><u>表示法及び健康増進法の規制の対象とな</u><br><u>る。</u><br><br><u>4〜6（略）</u><br><br><u>7　「事業者が講ずべき景品類の提供及び</u><br><u>表示の管理上の措置についての指針」（平</u><br><u>成26年11月14日内閣府告示第276号）参</u><br><u>照。</u><br><br><u>8〜16（略）</u><br><br><u>17　体験談において健康食品の効果に言</u><br><u>及されている場合において、一般消費者の</u><br><u>誤認を招かないようにするためには、当該</u><br><u>体験談を表示するに当たり事業者が行った</u><br><u>調査における①体験者の数及びその属性、</u><br><u>②そのうち体験談と同じような効果が得られ</u><br><u>た者が占める割合、③体験者と同じような</u><br><u>効果が得られなかった者が占める割合等を</u><br><u>明瞭に表示することが推奨される。</u> | 【注釈】<br>1、2（略）<br><br><u>（新規）</u><br><br><br><br><br><br>3〜6（略）<br><br><u>（新規）</u><br><br><br><br><br><br>7〜14（略）<br><br><u>（新規）</u> |

# 第 2 部

# 特定商取引法によるインバウンド規制

## ［ 注目点 ］

　特定商取引法の中に「電話勧誘販売」という規制があります。この規制に該当すると、電話でクロージング（注文受注）していたとしても、①書面でそれを確認しなければならず、かつ、②８日間のクーリングオフ（無条件契約解除）も認めなければなりません。これに該当するのは、原則アウトバウンド（こちらから電話をかける）で、インバウンド（電話を受ける）は、おとり広告のような広告で電話をかけさせた場合に限られていましたが、2023年6月より、対象が拡大されることになりました。

# どう変わるのか?

　特定商取引法（特商法）が規制する「電話勧誘販売」に該当すると、電話でクロージングしても売買成立とはならず、その後書面での確認を得て、そこで契約成立となります。

　そのため、書面による確認が必要となり、かつ、商品受領後8日間のクーリングオフを認めなければいけません。

　このように、二重の規制があるので、「電話口で巧みにクロージング」ということは意味がなくなります。

　アウトバウンドは、この「電話勧誘販売」にすべて該当しますが、インバウンドは例外的に該当します。

　インバウンドの場合は、消費者はじっくり考えてから注文の電話ができるので、「電話口で巧みにクロージング」ということがありえないからです。

　今回、この「インバウンドの例外」が変わることになります。

　これまでは、たとえば「メガネ、今なら安く買えるよ。今すぐお電話を！」とあおってコールさせ、電話が来たら電話口で「ブルーベリーサプリ」をクロージングする、というケースのみが対象でした。つまり、広告しているメガネがおとりの場合です。

　しかし、この規制だと、実際メガネも売っているという場合は対象外となります。そこで、このようなケースにおいて、見せ玉

を実際に売っているか否かに関係なく、これからは、コールを誘う広告に書いていなかったサプリの勧誘をしている、ということだけで規制の対象となるのです。

　これが今回の改正の趣旨です。

# どう対策したらいいのか？

　消費者に、電話をかけさせてクロスセルやアップセルを勧誘しようと考えている場合は、電話をかけさせようとする広告（インフォマーシャル、新聞、チラシ、LPなど）に、そのことを示さなければなりません（インフォマーシャルの場合は、トークだけでなく文字でも示す。トークなしで文字ありはOK）。

　問題はその程度です。クロスセルの場合から考えてみましょう。

　メガネを前面に押し出し、電話を受けたらブルーベリーサプリも勧める、という例の事前告知の仕方です。

①電話番号の下に、「お客さまの状態に合わせ、サプリもご提案いたします」
②電話番号の下に、「お客さまの状態に合わせ、さまざまな商品をご提案いたします」

　残念ながら、これでは不十分です。
　関連商品を並行して売る営業手法・クロスセルに関しては、前面に押し出している商品以外のどういう商品が電話口で勧められ

るか、ということがわかるようになっている必要があります。

　次に、今よりも高額な商品などに乗り換えてもらう営業手法・アップセルの事例を見ていきましょう。

　サプリに関し、「今なら1,000円。今すぐお電話を」と押し出し、電話口で定期コースを勧める、という例での事前告知の仕方です。

①電話番号の下に、「お客さまの状態に合わせ、定期コースもご
　提案いたします」
②電話番号の下に、「お客さまの状態に合わせ、さまざまなコー
　スをご提案いたします」

　残念ながら、これでは不十分です。
　アップセルに関しては、前面に押し出している売り方以外の、どのような売り方が電話口で勧められるのか、ということがわかるようになっている必要があります。

# 行政の指針

　行政が提供する『特定商取引法ガイド』では、6月1日に次のような内容のQ&Aが掲載されました。

---

**Q3**

テレビコマーシャルやテレビショッピング、ウェブページ上の動画広告を行いたいと思っております。例えば、一回のみのお届け商品の広告に、注記として「電話で定期購入の案内を行います。」と記載したりして、消費者からの電話をもらって、定期購入や他の商品の販売をする場合は、通信販売になりますか、それとも電話勧誘販売になりますか。

**A**

広告上に「電話で定期購入の案内を行います。」「電話で他の商品の案内を行う場合があります。」といった注記があるのみで、通信販売の広告に必要な事項（価格や解除に関する事項など）の表示がない場合は、電話勧誘販売の規制対象になります。

（注）Q&Aは、想定される事例における考え方を示したものです。具体的な事案においては、Q&Aにおける考え方を、その事案における事実に即して御活用ください。

---

　これによると、クロスセルに関しては、「電話で他の商品の案内を行う場合があります。」では不十分なことははっきりしましたが、どう書けばよいかは明確に示されておらず、（注）にあるように、ケースバイケースになっていますが、「電話で健康食品

の案内を行う場合があります。」と商品カテゴリーを示しておけば、原則OKではないかと思います。

　また、アップセルに関しては、「電話で定期購入の案内を行います。」では不十分とされていますが、これは比較的記載事項の少ない「縛りあり定期」を念頭に置いたものと思われます。「縛りなし定期」の場合は、解約の仕方などで記載すべきことが多いので「詳しくはこちらをご覧ください」とQRコードを置き、その飛び先で「これが定期コースの条件」ということを明確に示し、さらには電話口で飛び先の内容を見たことを確認するなどすれば、（注）により電話勧誘販売とはされないように思います。

# 第 3 部

# アフィリエイト規制とステルスマーケティング規制

## ［注目点］

　ステルスマーケティング（ステマ）規制は景表法に基づき行われますが、その参考となるのが、景表法によるアフィリエイト規制です。

　規制手法が類似していることもさることながら、ステマ規制のターゲットとなるインスタグラマーがアフィリエイターでもあるという場合も多いので、両者を関連づけながら説明していきましょう。

# アフィリエイト規制

## ◉ 注目すべきポイント

　集客がうまい人に集客を依頼し、その人のサイトのバナーから
こちらの公式サイトへ送客してもらい、公式サイトで申し込みな
どが行われたら報酬を払う。

　これがアフィリエイトの仕組みです。

　この「集客がうまい人」のことを、アフィリエイターと呼びます。

　私の知り合いの20代のアフィリエイターは、毎月4,000万円超
えのアフィリエイト報酬を得ていました。ただ、次第に規制が厳
しくなってきています。

## 1）基本的ルール

　アフィリエイトサイトが虚偽誇大であっても、アフィリエイター
は景表法の責任を負わず、広告主が責任を負うことになっていま
す。

「近年、インターネットを用いた広告手法の一つであるアフィリエイトプログラムを用いて、アフィリエイターが、アフィリエイトサイトにおいて、広告主の販売する健康食品について虚偽誇大表示等に当たる内容を掲載することがある。

このようなアフィリエイトサイト上の表示についても、広告主がその表示内容の決定に関与している場合（アフィリエイターに表示内容の決定を委ねている場合を含む。）には、広告主は景品表示法及び健康増進法上の措置を受けるべき事業者に当たる。アフィリエイターやアフィリエイトサービスプロバイダーは、アフィリエイトプログラムの対象となる商品を自ら供給する者ではないため、景品表示法上の措置を受けるべき事業者には当たらないが、表示内容の決定に関与している場合には、「何人も」虚偽誇大表示をしてはならないと定める健康増進法上の措置を受けるべき者に該当し得る。」

消費者庁 2022 年 12 月 5 日通知
「健康食品に関する景品表示法及び健康増進法上の留意事項について」(概要)

　アフィリエイターにアフィリエイトサイトの内容を任せていても、そこに虚偽誇大広告があれば広告主が景表法の責任を負うことになります。アフィリエイターは景表法対象外。

　なお健康増進法は適用されますが、措置命令や課徴金の制度がなく、実効性がありません。

## 2）アフィリエイトに関する措置命令

　虚偽誇大のアフィリエイトサイトが原因となって、広告主が措置命令を受けた事件はこれまでに7件あります。次の表の1〜4の事件までは、誰がアフィリエイターなのかは不明でしたが、5のDYM事件では辿れるようになっています。

|  | 事件 | 措置命令 | 特徴 |
|---|---|---|---|
| 1 | ブレインハーツ | 2018.6.15<br>（消費者庁） | 広告主がコンテンツを配布 |
| 2 | ニコリオ | 2020.3.31<br>（埼玉県） | 通常 |
| 3 | ブブカ | 2021.3.3<br>（消費者庁） | 通常 |
| 4 | アクガレージ | 2021.11.9<br>（消費者庁） | 通常 |
| 5 | DYM | 2022.4.27<br>（消費者庁） | 通常 |
| 6 | エムアンドエム | 2023.3.28<br>（東京都） | 通常 |
| 7 | ツインガーデン | 2023.3.28<br>（東京都） | 通常 |

　つまり、「DYM事件」では、7つのアフィリエイトサイトが措置命令に盛り込まれていて、ドメインから辿っていくと運営者情報を見られるものもあります。

## 「DYM事件」に関わった7つのアフィリエイトサイト

| | サイト名 | 備考 |
|---|---|---|
| 1 | GOOD JOBLOG Kazutomo Nagasawa Official Blog | すでに該当記事なし |
| 2 | じょぶおたく | すでに該当記事なし |
| 3 | ジョブシフト | すでに該当記事なし |
| 4 | 引きこもらない引きこもり | —— |
| 5 | 人生プラン軌道修正脱卒既卒NEETガイド | —— |
| 6 | 【第二新卒】キャリアアドバイザーが語る!成功する転職論 | —— |
| 7 | 第二新卒転職のABC | —— |

# 3）インスタグラムも絡む措置命令

　インスタグラムも絡む措置命令としては、2021年11月9日措置命令の「アクガレージ事件」があります。

　2021年11月9日の措置命令において、インスタグラマーのアカウントの景表法上の責任を販売者が負わされました。

　このアカウントは商品を出し、「バストアップサプリです」と紹介していましたが、まったく根拠のないものでした。

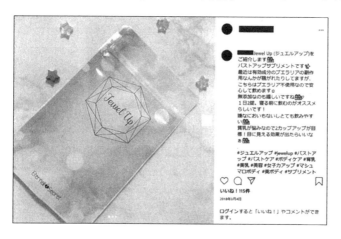

　これにより、インスタグラムの場合、「#商品名」で商品アカウントが出てくる場合は、両者は一体と見られることが明らかとなりました（ほかの事件では、アフィリエイトサイトから広告主サイトへのリンクがあります）。

# 4）アフィリエイトとインスタグラムの場合

　当初、企業がインスタグラマーに依頼する場合、商品やサービスの認知拡大を狙って依頼する認知拡大型がほとんどでした。しかし最近は、SNSマーケティングを積極的に展開し、商品の購入を獲得する購入獲得型が増えています。

　購入獲得型の特色は2つあります。

　1つは、間に広告代理店やASP（アフィリエイトサービスプロバイダー）が入り、多数のインスタグラマーを動かすことで、もう1つは、インスタグラマーには獲得に応じて報酬が支払われることです。

　この場合、法律的にはインスタグラマーはアフィリエイターとみなされ、アフィリエイトの規制も受けることになります。

# ステルスマーケティング規制

まずは令和5年3月28日発の「消費者庁ガイドライン」をご覧ください。

---

「一般消費者が事業者の表示であることを判別することが困難である表示」の運用基準
令和5年3月28日 消費者庁長官決定

消費者庁長官の決定に基づき、「一般消費者が事業者の表示であることを判別することが困難である表示」（令和5年内閣府告示第19号）の運用基準を次のとおり定めたので、これによられたい。

「一般消費者が事業者の表示であることを判別することが困難である表示」の運用基準

第1　「一般消費者が事業者の表示であることを判別することが困難である表示」の規制趣旨

　「一般消費者が事業者の表示であることを判別することが困難である表示」（令和5年内閣府告示第19号）とは、事業者が自己の供給する商品又は役務の取引について行う表示（以下の、「事業者の表示」という。）であるにもかかわらず、事業者の表示であることを明瞭にしないことなどにより、一般消費者が事業者の表示であることを判別することが困難となる表示である。

　一般消費者は、事業者の表示であると認識すれば、表示内容に、ある程度の誇張・誇大が含まれることはあり得ると考え、商品選択の上でそのことを考慮に入れる一方、実際には事業者の表示であるにもかかわらず、第三者の表示であると誤認する場合、その表示内容にある程度の誇張・誇大が含まれることはあり得ると考えないことになり、この点において、一般消費者の商品選択における自主的かつ合理的な選択が阻害されるおそれがある。

　そのため、告示は、一般消費者に事業者の表示ではないと誤認される、又は誤認されるおそれがある表示を、不当に顧客を誘引し、一般消費者による自主的かつ合理的な選択を阻害するおそれがある不当な表示として規制するものである。事業者は、自らが供給する商品又は役務についての表示を行うに当たっては、一般消費者に、事業者の表示であるにもかかわらず、第三者による表示であるかのような誤認を与えないようにする必要がある。

　なお、上記のとおり、告示は、事業者の表示であるにもかかわらず、第三者の

---

表示であると一般消費者に誤認される場合を規制するものであることから、告示が対象とするのは、事業者の表示であるにもかかわらず、第三者の表示のように見えるものである。したがって、事業者の表示であることが一般消費者にとって明瞭である又は社会通念上明らかであるものは、告示の対象となるものではなく、告示は、そのようなものについての事業者の自由な広告・宣伝活動を阻害するものではない。

（注）　告示は、不当景品類及び不当表示防止法（以下「景品表示法」という。）第5条第3号の規定に基づくものであり、告示においても景品表示法に規定される定義が前提となる。告示の対象となるのは、景品表示法第2条第1項に規定する「事業者」が行う同条第4項に規定する「表示」である。したがって、事業者でない者が行う行為については、何ら告示の対象となるものではない。なお、事業者の表示であるにもかかわらず、第三者の表示であると一般消費者に誤認されないようにするためには、事業者が第三者の表示において、事業者の表示であることを明瞭にしなければならないことの結果として、第三者の表示に対しても一定の制約が事実上課せられることとなるが、かかる制約は、一般消費者の商品選択における自主的かつ合理的な選択を確保するという景品表示法の目的達成の観点から行われるものであり、第三者の自由な表現活動を不当に制約しようとするものではない。

第2　告示の「事業者が自己の供給する商品又は役務の取引について行う表示」についての考え方

　　　告示の対象となるのは、外形上第三者の表示のように見えるものが事業者の表示に該当することが前提となる。

　　　景品表示法は、第5条において、事業者の表示の内容について、一般消費者に誤認を与える表示を不当表示として規制するものであるところ、外形上第三者の表示のように見えるものが、事業者の表示に該当するとされるのは、事業者が表示内容の決定に関与したと認められる、つまり、客観的な状況に基づき、第三者の自主的な意思による表示内容と認められない場合である。

　　　なお、告示の対象となる事業者の表示において、景品表示法第5条第1号、第2号又は第3号の規定に基づく他の告示の規定に該当する表示がある場合には、これらの表示が景品表示法第5条違反とされる。

　　　また、他法令の適用がある場合であっても、事業者が表示内容の決定に関与したとされる実態があるものについては、他法令だけでなく、告示の対象となる（例えば、特定商取引に関する法律における連鎖販売取引）。

1　事業者が表示内容の決定に関与したとされるものについて
　(1)　事業者が自ら行う表示について
　　　ア　事業者が自ら行う表示には、事業者が自ら表示しているにもかかわらず第三者が表示しているかのように誤認させる表示、例えば、事業者と一定の関係性を有し、事業者と一体と認められる従業員や、事業者の子会社等の従業員が行った事業者の商品又は役務に関する表示も含まれる。
　　　イ　「事業者と一定の関係性を有し、事業者と一体と認められる従業員や、事業者の子会社等の従業員が行った事業者の商品又は役務に関する表示」が事業者の表示に該当するかについては、例えば、従業員の事業者内における地位、立場、権限、担当業務、表示目的等の実態を踏まえて、事業者が表示内容の決定に関与したかについて総合的に考慮し判断する。その判断に当たっては、例え

ば、以下のような場合が考えられる。

 (ア) 「事業者と一定の関係性を有し、事業者と一体と認められる従業員や、事業者の子会社等の従業員が行った事業者の商品又は役務に関する表示」が事業者の表示に該当するものとしては、商品又は役務の販売を促進することが必要とされる地位や立場にある者（例えば、販売や開発に係る役員、管理職、担当チームの一員等）が、当該商品又は役務の販売を促進するための表示（例えば、商品又は役務の画像や文章を投稿し一般消費者の当該商品又は役務の認知を向上させようとする表示、自社製品と競合する他社の製品を誹謗中傷し、自社製品の品質・性能の優良さについて言及する表示）を行う場合（他の者に指示をして表示を行わせる場合を含む。）。

 (イ) 「事業者と一定の関係性を有し、事業者と一体と認められる従業員や、事業者の子会社等の従業員が行った事業者の商品又は役務に関する表示」が事業者の表示に該当しないものとしては、商品又は役務を販売する事業者の従業員や当該事業者の子会社等の従業員ではあるものの、当該商品又は役務の販売を促進することが必要とされる地位や立場にはない者が、当該商品又は役務に関して一般消費者でも知り得る情報を使うなどし、当該商品又は役務の販売を促進する目的ではない表示を行う場合。

(2) 事業者が第三者をして行わせる表示について

 ア 事業者が第三者をして行わせる表示が事業者の表示となるのは、事業者が第三者の表示内容の決定に関与している場合であって、例えば、以下のような場合が考えられる。

  (ア) 事業者が第三者に対して当該第三者のSNS（ソーシャルネットワーキングサービス）上や口コミサイト上等に自らの商品又は役務に係る表示をさせる場合。

  (イ) EC（電子商取引）サイトに出店する事業者が、いわゆるブローカー（レビュー等をSNS等において募集する者）や自らの商品の購入者に依頼して、購入した商品について、当該ECサイトのレビューを通じて表示させる場合。

  (ウ) 事業者がアフィリエイトプログラムを用いた表示を行う際に、アフィリエイターに委託して、自らの商品又は役務について表示させる場合。

   (注) 「アフィリエイトプログラム」とは、インターネットを用いた広告手法の一つである（以下広告される商品又は役務を供給する事業者を「広告主」と、広告を掲載するウェブサイトを「アフィリエイトサイト」と、アフィリエイトサイトを運営する者を「アフィリエイター」という。）。アフィリエイトプログラムのビジネスモデルは、比較サイト、ポイントサイト、ブログその他のウェブサイトの運営者等が当該サイト等に当該運営者等以外の者が供給する商品又は役務のバナー広告、商品画像リンク及びテキストリンク等を掲載し、当該サイト等を閲覧した者がバナー広告、商品画像リンク及びテキストリンク等をクリックしたり、バナー広告、商品画像リンク及びテキストリンク等を通じて広告主のサイトにアクセスして広告主の商品又は役務を購入したり、購入の申込みを行ったりした場合等、あらかじめ定められた条件に従って、アフィリエイターに対して広告主から成功報酬が支払われるものであるとされている。

  (エ) 事業者が他の事業者に依頼して、プラットフォーム上の口コミ投稿を通じて、自らの競合事業者の商品又は役務について、自らの商品又は役務と比較した、低い評価を表示させる場合。

イ 事業者が第三者に対してある内容の表示を行うよう明示的に依頼・指示していない場合であっても、事業者と第三者との間に事業者が第三者の表示内容を決定できる程度の関係性があり、客観的な状況に基づき、第三者の表示内容について、事業者と第三者との間に第三者の自主的な意思による表示内容とは認められない関係性がある場合には、事業者が表示内容の決定に関与した表示とされ、事業者の表示となる。

「客観的な状況に基づき、第三者の表示内容について、事業者と第三者との間に第三者の自主的な意思による表示内容とは認められない関係性がある」かどうかの判断に当たっては、事業と第三者との間の具体的なやり取りの態様や内容（例えば、メール、口頭、送付状等の内容）、事業者が第三者の表示に対して提供する対価の内容、その主な提供理由（例えば、宣伝する目的であるかどうか。）、事業者と第三者の関係性の状況（例えば、過去に事業者が第三者の表示に対して対価を提供していた関係性がある場合に、その関係性がどの程度続いていたのか、今後、第三者の表示に対して対価を提供する関係性がどの程度続くのか。）等の実態も踏まえて総合的に考慮し判断する。

(注) 事業者が第三者の表示に対して支払う対価については、金銭又は物品に限らず、その他の経済上の利益（例えば、イベント招待等のきょう応）など、対価性を有する一切のものが含まれる。

事業者が第三者に対してある内容の表示を行うよう明示的に依頼・指示していない場合であっても、事業者の表示とされる場合としては、例えば、以下のような場合が考えられる。

(ｱ) 事業者が第三者に対してSNSを通じた表示を行うことを依頼しつつ、自らの商品又は役務について表示してもらうことを目的に、当該商品又は役務を無償で提供し、その提供を受けた当該第三者が当該事業者の方針や内容に沿った表示を行うなど、客観的な状況に基づき、当該表示内容が当該第三者の自主的な意思によるものとは認められない場合。

(ｲ) 事業者が第三者に対して自らの商品又は役務について表示することが、当該第三者に経済上の利益をもたらすことを言外から感じさせたり（例えば、事業者が第三者との取引には明示的に言及しないものの、当該第三者以外との取引の内容に言及することによって、遠回しに当該第三者に自らとの今後の取引の実現可能性を想起させること。）、言動から推認させたりする（例えば、事業者が第三者に対してSNSへの投稿を明示的に依頼しないものの、当該第三者が投稿すれば自らとの今後の取引の実現可能性に言及すること。）などの結果として、当該第三者が当該事業者の商品又は役務についての表示を行うなど、客観的な状況に基づき、当該表示内容が当該第三者の自主的な意思によるものとは認められない場合。

2 事業者が表示内容の決定に関与したとされないものについて
事業者が第三者の表示に関与したとしても、客観的な状況に基づき、第三者の自主的な意思による表示内容と認められるものであれば、事業者の表示には当たらない。具体的には、次のとおりである。

(1) 第三者が自らの嗜好等により、特定の商品又は役務について行う表示であって、客観的な状況に基づき、第三者の自主的な意思による表示内容と認められる場合は、通常、事業者が表示内容の決定に関与したとはいえないことから、事業者の表示とはならない。

「客観的な状況に基づき、第三者の自主的な意思による表示内容と認められる

場合」を判断するに当たっては、第三者と事業者との間で表示内容について情報のやり取りが直接又は間接的に一切行われていないか、事業者から第三者に対し、表示内容に関する依頼や指示があるか、第三者の表示の前後において、事業者が第三者の表示内容に対して対価を既に提供しているか、過去に対価を提供した関係性がどの程度続いていたのか、あるいは今後提供することが決まっているか、今後対価を提供する関係性がどの程度続くのかなど、事業者と第三者との間に事業者が第三者の表示内容を決定できる程度の関係性があるか否かによって判断する。また、「事業者と第三者との間に事業者が第三者の表示内容を決定できる程度の関係性があるか否か」の判断に当たっては、表示の対象となった商品又は役務の特性等（例えば、特定の季節のみに販売数量が増える商品であるか。）の事情を考慮する。

　上記の事情を踏まえて、「客観的な状況に基づき、第三者の自主的な意思による表示内容と認められる場合」、つまり、事業者の表示とならない場合としては、例えば、以下のような場合が考えられる。

ア　第三者が事業者の商品又は役務について、SNS等に当該第三者の自主的な意思に基づく内容として表示（複数回の表示も含む。）を行う場合。

イ　事業者が第三者に対して自らの商品又は役務を無償で提供し、SNS等を通じた表示を行うことを依頼するものの、当該第三者が自主的な意思に基づく内容として表示を行う場合。

ウ　アフィリエイターの表示であっても、事業者と当該アフィリエイターとの間で当該表示に係る情報のやり取りが直接又は間接的に一切行われていないなど、アフィリエイトプログラムを利用した広告主による広告とは認められない実態にある表示を行う場合。

エ　ECサイトに出店する事業者の商品を購入する第三者が、自主的な意思に基づく内容として当該ECサイトのレビュー機能を通じて、当該事業者の商品等の表示を行う場合。

オ　ECサイトに出店する事業者が自らの商品の購入者に対して当該ECサイトのレビュー機能による投稿に対する謝礼として、次回割引クーポン等を配布する場合であっても、当該事業者（当該事業者から委託を受けた仲介事業者を含む。）と当該購入者との間で、当該購入者の投稿（表示）内容について情報のやり取りが直接又は間接的に一切行われておらず、客観的な状況に基づき、当該購入者が自主的な意思により投稿（表示）内容を決定したと認められる投稿（表示）を行う場合。

（注）　なお、商品の購入者の投稿（表示）内容について情報のやり取りが直接又は間接的に一切行われておらず、客観的な状況に基づき、当該購入者が自主的な意思により投稿（表示）内容を決定したと認められる場合に、例えば、当該購入者の投稿（表示）内容に誤記があり、当該商品を販売する事業者等の社会的評価を低下させるようなおそれがあるため、当該事業者が当該購入者に対して投稿（表示）内容の修正を依頼したとしても、それだけをもって、当該購入者の表示が当該事業者の表示とされるものではない。

カ　第三者が、事業者がSNS上で行うキャンペーンや懸賞に応募するために、当該第三者の自主的な意思に基づく内容として当該SNS等に表示を行う場合。

キ　事業者が自社のウェブサイトの一部において、第三者が行う表示を利用する場合であっても、当該第三者の表示を恣意的に抽出すること（例えば、第三者のSNSの投稿から事業者の評判を向上させる意見のみを抽出しているにも

かかわらず、そのことが一般消費者に判別困難な方法で表示すること。）なく、また、当該第三者の表示内容に変更を加えること（例えば、第三者のSNSの投稿には事業者の商品等の良い点、悪い点の両方が記載してあるにもかかわらず、その一方のみの意見を取り上げ、もう一方の意見がないかのように表示すること。）なく、そのまま引用する場合。

（注）　ただし、上記キについては、客観的な状況に基づき、事業者のウェブサイトの一部について第三者の自主的な意思による表示内容と認められる場合は、当該ウェブサイトの一部のみをもって当該事業者の表示とされないことを示すものであって、当該ウェブサイトの一部を含めたウェブサイト全体が当該事業者の表示とされることは当然にあり得る。なお、この場合、当該ウェブサイト全体は、通常、当該事業者の表示であることが明らかであるといえる。

ク　事業者が不特定の第三者に対して試供品等の配布を行った結果、当該不特定の第三者が自主的な意思に基づく内容として表示を行う場合。

ケ　事業者が特定の第三者（例えば、事業者が供給する商品又は役務について会員制（一定の登録者に対して一定の便益を付与する制度等）を設けている場合における会員）に対して試供品等の配布を行った結果、当該特定の第三者が自主的な意思に基づく内容として表示を行う場合。

コ　事業者が表示内容を決定できる程度の関係性にない第三者に対して表示を行わせることを目的としていない商品又は役務の提供（例えば、単なるプレゼント）をした結果、当該第三者が自主的な意思に基づく内容として表示を行う場合。

(2)　新聞・雑誌発行、放送等を業とする媒体事業者（インターネット上で営む者も含む。）が自主的な意思で企画、編集、制作した表示については、通常、事業者が表示内容の決定に関与したといえないことから、事業者の表示とはならない。

ア　媒体事業者が自主的な意思で企画、編集、制作した表示には、正常な商慣習における取材活動に基づく記事の配信、書評の掲載、番組放送（事業者の協力を得て制作される番組放送も含む。）等が含まれる。

イ　ただし、媒体事業者の表示であっても、事業者が表示内容の決定に関与したとされる場合は、事業者の表示となる。この判断の際には、正常な商慣習を超えた取材活動等である実態（対価の多寡に限らず、これまでの取引実態と比較して、事業者が媒体事業者に対して通常考えられる範囲の取材協力費を大きく超えるような金銭等の提供、通常考えられる範囲を超えた謝礼の支払等が行われる場合）にあるかどうかが考慮要素となる。

第3　告示の「一般消費者が当該表示であることを判別することが困難である」についての考え方

告示は、事業者の表示であるにもかかわらず、第三者の表示であると一般消費者に誤認される場合を規制するものであることから、「一般消費者が当該表示であることを判別することが困難である」かどうかに当たっては、一般消費者にとって事業者の表示であることが明瞭となっているかどうか、逆にいえば、第三者の表示であると一般消費者に誤認されないかどうかを表示内容全体から判断することになる。

1　一般消費者にとって事業者の表示であることが明瞭となっていないものについて

一般消費者にとって事業者の表示であることが明瞭となっていないものとしては、事業者の表示であることが記載されていないものと事業者の表示であることが不明瞭な方法で記載されているものに分けられる。

(1) 事業者の表示であることが記載されていないものについて
　事業者の表示であることが記載されていないものとしては、例えば、以下のような場合が考えられる。
　ア　事業者の表示であることが全く記載されていない場合。
　イ　事業者がアフィリエイトプログラムを用いた表示を行う際に、アフィリエイトサイトに当該事業者の表示であることを記載していない場合。
　　　（注）　複数の商品又は役務の価格情報や内容等を比較するアフィリエイトサイトにおいては、アフィリエイトサイト自体が一般消費者にとって事業者の表示であることが明瞭となっている限り、一般消費者が第三者の表示であると誤認することはないことから、掲載されている全ての商品又は役務について、それぞれ当該事業者の表示であることを記載する必要はない。

(2) 事業者の表示であることが不明瞭な方法で記載されているものについて
　事業者の表示であることが不明瞭な方法で記載されているものとしては、例えば、以下のような場合が考えられる。
　ア　事業者の表示である旨について、部分的な表示しかしていない場合。
　イ　文章の冒頭に「広告」と記載しているにもかかわらず、文中に「これは第三者として感想を記載しています。」と事業者の表示であるかどうかが分かりにくい表示をする場合。あるいは、文章の冒頭に「これは第三者としての感想を記載しています。」と記載しているにもかかわらず、文中に「広告」と記載し、事業者の表示であるかどうかが分かりにくい表示をする場合。
　ウ　動画において事業者の表示である旨の表示を行う際に、一般消費者が認識できないほど短い時間において当該事業者の表示であることを示す場合（長時間の動画においては、例えば、冒頭以外（動画の中間、末尾）にのみ同表示をするなど一般消費者が認識しにくい箇所のみに表示を行う場合も含む。）。
　エ　一般消費者が事業者の表示であることを認識できない文言を使用する場合。
　オ　事業者の表示であることを一般消費者が視認しにくい表示の末尾の位置に表示する場合。
　カ　事業者の表示である旨を周囲の文字と比較して小さく表示した結果、一般消費者が認識しにくい表示となった場合。
　キ　事業者の表示である旨を、文章で表示しているものの、一般消費者が認識しにくいような表示（例えば、長文による表示、周囲の文字の大きさよりも小さい表示、他の文字より薄い色を使用した結果、一般消費者が認識しにくい表示）となる場合。
　ク　事業者の表示であることを他の情報に紛れ込ませる場合（例えば、SNSの投稿において、大量のハッシュタグ（SNSにおいて特定の話題を示すための記号をいう。「#」が用いられる。）を付した文章の記載の中に事業者の表示である旨の表示を埋もれさせる場合）。

2　一般消費者にとって事業者の表示であることが明瞭となっているものについて
(1) 一般消費者にとって事業者の表示であることが明瞭となっていると認められるためには、一般消費者にとって、表示内容全体から、事業者の表示であることが分かりやすい表示となっている必要がある。例えば、以下の場合が考えられる。

ア 「広告」、「宣伝」、「プロモーション」、「PR」といった文言による表示を行う場合。

(注) ただし、これらの文言を使用していたとしても、表示内容全体から一般消費者にとって事業者の表示であることが明瞭となっていると認められない場合もある。

イ 「A社から商品の提供を受けて投稿している」といったような文章による表示を行う場合。

(2) 前記第1のとおり、事業者の表示であることが一般消費者にとって明瞭である又は社会通念上明らかであるものは、告示の対象となるものではない。例えば、以下のような場合が考えられる。

ア 放送におけるCMのように広告と番組が切り離されている表示を行う場合。

イ 事業者の協力を得て制作される番組放送や映画等において当該事業者の名称等をエンドロール等を通じて表示を行う場合。

ウ 新聞紙の広告欄のように「広告」等と記載されている表示を行う場合。

エ 商品又は役務の紹介自体が目的である雑誌その他の出版物における表示を行う場合。

オ 事業者自身のウェブサイト(例えば、特定の商品又は役務を特集するなど、期間限定で一般消費者に表示されるウェブサイトも含む。)における表示を行う場合。

(ア) ただし、事業者自身のウェブサイトであっても、ウェブサイトを構成する特定のページにおいて当該事業者の表示ではないと一般消費者に誤認されるおそれがあるような場合(例えば、媒体上で、専門家や一般消費者等の第三者の客観的な意見として表示をしているように見えるもので、実際には、事業者が当該第三者に依頼・指示として特定の内容の表示をさせた場合や、そもそも事業者が作成し、第三者に何らの依頼すらしていない場合)には、第三者の表示は、事業者の表示であることを明瞭に表示しなければならない。

(イ) 事業者が第三者に依頼・指示をしてある内容の表示をさせた場合における当該事業者の表示である旨の表示としては、例えば、「弊社から○○先生に依頼をし、頂いたコメントを編集して掲載しています。」といった表示をすることが考えられる。

カ 事業者自身のSNSのアカウントを通じた表示を行う場合。

キ 社会的な立場・職業等(例えば、観光大使等)から、一般消費者にとって事業者の依頼を受けて当該事業者の表示を行うことが社会通念上明らかな者を通じて、当該事業者が表示を行う場合。

第4 その他

デジタル領域における表示は、技術の進歩等の変化が速く、現時点では想定しきれない新たな手法が将来的には生じることが考えられるため、取引の実態や社会経済情勢の変化に合わせて、事業者等における予見可能性を確保できるよう、運用基準の明確化を図っていくこととする。

# STEP1　全体を理解する

## 1)　クイックルック

　ステルスマーケティング（ステマ）規制には、各国いろいろな手法がありますが、日本の景表法が規制するステマとは、簡単にいうと、「真のメッセージ主体の偽り」といえます。

　たとえば、A社がライバル社B社の口コミ欄に、従業員Cに「田中太郎」という名前で、B社にとってネガティブな書き込みをさせる。

　この場合、表面上のメッセージ主体は「田中太郎」ですが、真のメッセージ主体はA社なのでステマになります（なりすまし型）。

　A社が、たくさんのフォロワーを持つインスタグラマーDに依頼して、A社を「ヨイショ」する投稿をしてもらう。

　この場合、表面上のメッセージ主体は「インスタグラマーD」ですが、真のメッセージ主体はA社なので、これもステマになります（第三者発信型）。

## 2)　何が規制されるの？

　ステマの定義は「一般消費者が事業者の表示であることを判別することが困難である表示」。より詳しくは、「事業者が自己の供給する商品又は役務の取引について行う表示であって、一般消費者が当該表示であることを判別することが困難であると認められるもの」。

①本当は、ほかの人のメッセージ（表示）なのに、それを自分のメッセージ（表示）のように見せる
②物販や役務提供に限る

### 3）　物販や役務提供に関するものか

たとえば、

私がメディアなどに持ちかけられ、100万円を支払って、取材を受けたという体裁で 2 ページ登場

**→** これは、物販や役務提供に関するものではないので対象外

### 4）　違反するとどうなるの？

①偽りのメッセージを仕掛けた人（インスタならインスタグラマーに依頼した人）に措置命令 **→** 公表される
②（場合により）そのメッセージ（投稿）の削除
③（もしかすると）インフルエンサーに損害賠償責任の追及
④メディアは、自ら物販・役務提供しない限り責任なし

### 5）　いつから始まるの？

2023年10月 1 日から始まります。対象となるのは、それ以降に行われたものではなく、その時点でウェブサイトにあり、消費者が見ることができるものはすべて対象になります。

## 6） ステマ該当、考え方のフロー

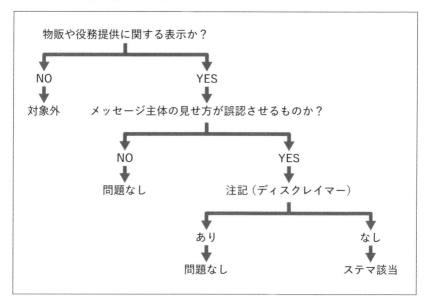

## 7） 法律の全体像

### i. 景品表示法の概要

この法律は、商品及び役務の取引に関する不当な景品類及び表示による顧客の誘因を防止するため、一般消費者による自主的かつ合理的な選択を阻害する恐れのある行為の制限及び禁止について定めることにより、一般消費者の利益を保護することを目的とする。（第1条）

## ⅱ. 景品表示法における不当表示の概要

事業者が自己の供給する商品又は役務の取引について行う以下の表示

### 1. 優良誤認表示（第5条第1号）

商品又は役務の品質、規格その他の内容についての不当表示内容について、
①実際のものよりも著しく優良であると一般消費者に示す表示
②事実に相違して競争事業者に係るものよりも著しく優良であると一般消費者に示す表示

### 2. 有利誤認表示（第5条第2号）

商品又は役務の価格その他の取引条件についての不当表示取引条件について、
①実際のものよりも取引の相手方に著しく有利であると一般消費者に誤認される表示
②競争事業者に係るものよりも取引の相手方に著しく有利であると一般消費者に誤認される表示

### 3. 商品又は役務の取引に関する事項について一般消費者に誤認される恐れがある表示であって内閣総理大臣が指定するもの（第5条第3号）

6つの分野が告示において指定→これに追加された
①無果汁の清涼飲料水についての表示
②商品の原産国に関する不当な表示
③消費者信用の融資費用に関する不当な表示
④不動産のおとり広告に関する表示
⑤有料老人ホームに関する不当な表示
⑥おとり広告に関する表示

# STEP2　具体的検討

## 1)　自社発信型の全体像

　問題となるのは、①サテライト型と②第三者引用型です。

## 2)　自社発信型　①サテライト型

　競合社の口コミに一般消費者を装ってネガティブコメントを書き込む。

　**→** 明らかにステマ該当

## ●「ステラ漢方事件」

　薬事法違反の体験談型捏造サイトで、販社（ステラ漢方）社員・広告代理店社員が逮捕されたのが「ステラ漢方事件」（2020年7月20日）。

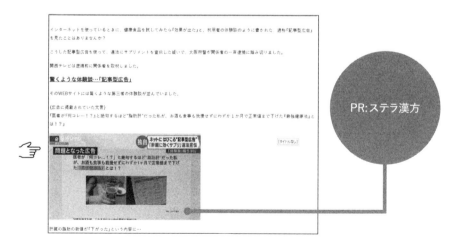

①問題となったのは前ページのサイトだが、「PR：ステラ漢方」とあり、誰のメッセージかは示されているのでステマの問題はない

②なお、内容の真偽、薬事法違反の有無は関係ない


### 3）　自社発信型　②第三者引用型

●基本形（下図参照）

「消費者がどう見るか？」が基準（Criteria）。

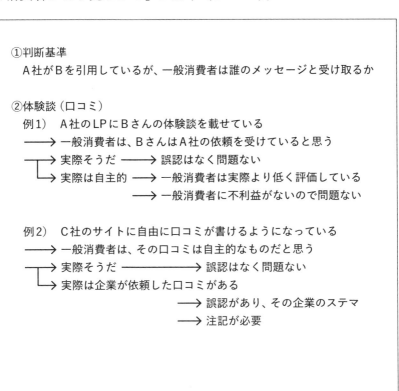

①判断基準
　　A社がBを引用しているが、一般消費者は誰のメッセージと受け取るか

②体験談（口コミ）
　例1）　A社のLPにBさんの体験談を載せている
　　　→ 一般消費者は、BさんはA社の依頼を受けていると思う
　　　┌→ 実際そうだ → 誤認はなく問題ない
　　　└→ 実際は自主的 → 一般消費者は実際より低く評価している
　　　　　　　　　　　　　 → 一般消費者に不利益がないので問題ない

　例2）　C社のサイトに自由に口コミが書けるようになっている
　　　→ 一般消費者は、その口コミは自主的なものだと思う
　　　┌→ 実際そうだ → 誤認はなく問題ない
　　　└→ 実際は企業が依頼した口コミがある
　　　　　　　　　　　　 → 誤認があり、その企業のステマ
　　　　　　　　　　　　 → 注記が必要

③ドクターコメント
　例）A社のLPにドクターコメントを載せている
　※以下は原則論
ⅰ. ドクターが一般論を述べている　　例）シワができるしくみ
　　── 一般消費者はドクターが自論を述べていると思う
　　┌→ 実際そうだ（自主的コメント）── 誤認はなく問題ない
　　└→ 実際はA社の依頼あり → 誤認あるのでこのままだとステマ該当
　　　　　　　　　　　　　　　　→ 注記が必要

ⅱ. ドクターが商品を推奨している
　　── 一般消費者はドクターは依頼を受けていると思う
　　┌→ 実際そうだ ──── 誤認はなく問題ない（注記不要）
　　└→ 実際は自主的 ──── 一般消費者は実際より低く評価している
　　　　　　　　　　── 一般消費者に不利益がないので問題ない

## 4）　ケーススタディ①：体験談（口コミ）

**Q**

　健食の体験談であれば効能を標ぼうしない、化粧品の体験談であれば使用感に留まっているといった薬事法規制はクリアしているとして、景表法的には、ほかに何をクリアすればよいですか？
（あ）

　健食に関しては、R4.12.5「健康食品に関する景品表示法及び健康増進法上の留意事項について」において、**「体験談において健康食品の効果に言及されている場合において、一般消費者の誤認を招かないようにするためには、当該体験談を表示するに当たり事業者が行った調査における①体験者の数及びその属性、②そ**

のうち体験談と同じような効果が得られた者が占める割合、③体験者と同じような効果が得られなかった者が占める割合等を明瞭に表示することが推奨される」とされていますが（P.78参照）、このような表示は常に必要になるのですか？

（い）

ステマ規制に対する対応はどうしたらよいのですか？

・（あ）について

　留意事項でも「事業者が行った調査」とあるように、このような分類を示す必要があるのは「ダイエット成功率93％」（置き換えダイエット）といった感じで、統計的な数字を示す場合です。

　そうでない場合は、そもそも薬事法で「効果に言及」するわけにはいかないので、「一部のお声をお示ししています」とでも書いておけばよいと思います。

・（い）について

　企業の自社サイトやLPで体験談を示す場合、消費者は依頼に基づくものとして見るので、「依頼に基づき、いただいたお声です」といった注記（ディスクレイマー）は不要です。


## 5）　ケーススタディ②：ドクターコメント

●パターン①　（次ページ参照）

　そもそもメッセージとはいえないので問題外です。

パターン①

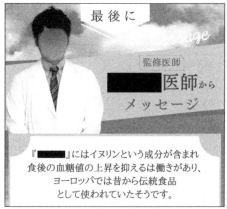

『■■■■■』にはイヌリンという成分が含まれ
食後の血糖値の上昇を抑えるは働きがあり、
ヨーロッパでは昔から伝統食品
として使われていたそうです。

パターン②

●パターン②

　依頼に基づきコメントを発したのか？　もともと自主的に発し
ているコメントか？　どちらと認識されるか？

　→　この例はやや微妙

　→　そういう場合は念のため「依頼に基づく」と注記しておき
　　　ましょう

## 6）　第三者発信型　全体像

　A．企業先行型と、B．第三者（インスタグラマーなど）先行
型があります。

## 7）　第三者発信型　A.企業先行型

基本的な考え方は次ページ図C参照。

「信頼に基づく投稿なのか？」が基準（Criteria）。

## 8）ケーススタディ

### ●投稿と依頼の関係

A　書く書かないは自由だが、書いてくれたらお礼をする

　　➡ 投稿時点で報酬のコミットがあるので「依頼に基づくもの」と考える

B　商品は差し上げるが、書く書かないは自由だし、書いてくれてもお礼はしない

　　➡ 投稿時点で何らのリターンもコミットもなし ➡ 原則として自主性あり

---

図C　基本的な考え方

ⅰ．メッセージ発信（投稿）までに依頼があったのか？
　YES ➡「依頼に基づくもの」と考える
　NO ➡「依頼に基づくもの」とは考えない

ⅱ．報酬
　あり ➡「依頼に基づくもの」と考える（コミットを含む）
　なし ➡ 何らかのリターンあり ➡「依頼に基づくもの」と考える
　　　　　何らかのリターンなし ➡ 原則として自主性あり

ⅲ．ⅰ＋ⅱ
　投稿までに報酬あり ➡「依頼に基づくもの」と考える
　投稿までに報酬なし
　それまでに何らかのリターンあり ➡「依頼に基づくもの」と考える
　それまでに何らかのリターンなし ➡ 原則として自主性ありと考えるが、依頼がある場合もありうる（「お礼はできないけど書いてほしい」など）

C　商品は差し上げるので、商品について書いてほしい

　　➡ 投稿時点で商品無償提供付きの依頼があるので「依頼
　　　に基づくもの」と考える

## ●誰が行政処分を受けるのか？

例A　フジテレビ女子アナ事件

---

フジテレビの女子アナウンサーに「ステルスマーケティング（ステマ）」の疑いが浮上し、局内で調査を受けていることが『週刊文春』の取材でわかった。

フジテレビ関係者が語る。

「彼女たちは芸能人御用達の人気美容室に通い、ヘアカットだけでなく、その系列店でもネイルやマツエクなどの施術を無料で提供してもらっていた。その見返りに、店の看板の前で撮影するなどして、来店したことをインスタグラムなどのSNSで公開。店の広告塔として宣伝に一役買う"ステマ"行為をしていたのです」

出典：『週刊文春』2021年4月22日号

---

この事件を、今回の規制で分析してみると──

①行政処分を受けるのは、真のメッセージ主体

　この事件では「美容室」

②インスタグラマー（この事件では「女子アナ」）は、行政処分は受けない

　ただし、一般消費者から「あなたが自分の意見として勧めていると思ったから行ったのに」と、民事上損害賠償請求されるおそれはある

③インスタグラマーの損害はイメージ失墜

例B　美容機器W

　ある医療機関向け雑誌Ｊが、美容機器ＷのメーカーＡ社に「うちの雑誌に紹介記事を（広告ではなく一般記事として）載せれば医療機関に売れますよ」と持ちかけたところ、Ａ社も承諾し、Ｗの紹介記事が一般記事として雑誌Ｊに掲載された

①真のメッセージ主体はＡ社なのに、Ｊの記事＝Ｊのメッセージのように見せているのでステマ該当
②行政処分を受けるのは真のメッセージ主体Ａ社
　……「向こうから持ちかけてきた」は通用しない
③雑誌社Ｊ＝メディアは、行政処分は受けない
　雑誌協会などから警告を受けることはあるかもしれない（業界内自主規制として）

●著名インフルエンサーの一例
書かれている内容が、真に自分の意見ならこれでよいが、依頼を受けている場合は注記が必要

↓

それがなければステマ該当

↓

ただし、行政処分を受けるのは企業（この例ではSalon）

## 9） 第三者発信型　B.第三者先行型

●基本的な考え方

①企業に関与がなければ企業の責任はない。

②AがBのための発信をある種「勝手」に行った。

→ **責任を負うのは真のメッセージ主体＝Bだが**
**ある種「勝手」にやられた場合は企業の関与がなく企業に**
**責任なし**

●ケーススタディ

①タレントXは、R社の依頼なしに「chokoジム」をヨイショするコメントを、自らのインスタグラムに書き、それをネタにR社にアプローチし、「chokoジム」の広告に自分を使うように交渉した。

→ **インスタのコメントは自主的なものであり、ステマの余地**
**はない**

②①の例で、タレントXのコメントを見つけたR社がXにアプローチし、Xに謝礼金を払った。

→ **後から謝礼をもらったとしても、インスタ投稿時は自発的**
**意思に基づくものであり、ステマの余地はない**

③R社が、「chokoジムに通っている人で、自らのインスタにコメントを書いてくれる人」を募集したところ、Yさんが巧みに自らのインスタに書いてくれたので、4カ月無料でchokoジムを利用できるクーポンを提供した。

→ 「自らのインスタにコメントを書いてくれる人」募集で依頼をしていることになるので、コメントにはPR表記が必要

## 10)　注記（ディスクレイマー）

●基本的な考え方

①自分の自主的なメッセージ（表示）ではないということをわからせればよい

＝本当は、誰のメッセージなのかまでわからせる必要はない

……「＃PR」でよく「＃PR：YDC」までは不要

②①が認識できればよく、そのワードや記載場所も特に決まりはない

・ワード

「＃PR」「広告」といったワードがマストではなく、「♡＃ad」などでもよい

・記載場所

アフィリエイトに関するR4.6.29指針が示した冒頭表記は、マストではない

例：R4.6.29が示した例

### 例1

#### 望ましい表示の例
「広告」という文言が上部に位置している。

#### 望ましくない表示の例
「広告」という文言が下部に位置している。

### 例2

#### 望ましい表示の例
「広告」という文言が上部に位置している。

#### 望ましくない表示の例
「広告」という文言が下部に位置している。

　インスタグラムの場合、スポンサーは1社という場合でもプロフィール（bio）に書くのではダメで、個々の投稿に書かなければなりません（次ページ図D参照）。

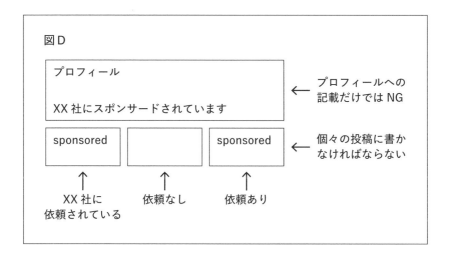

図D

プロフィール

XX 社にスポンサードされています

← プロフィールへの記載だけでは NG

| sponsored | | sponsored |

← 個々の投稿に書かなければならない

↑ XX 社に依頼されている　　↑ 依頼なし　　↑ 依頼あり

## ●ケーススタディ

①海外では「paid partnership with XX」と、冒頭に書く例が多いですが、日本では「paid partnership」だけでかまいません。

参照）海外の例

②文末に「♡＃ad」でもOK。

## 11）　調査

　2024年施行予定の改正景品表示法では、消費者庁が行うことができる「調査」の発効要件が下記のように改正され、ハードルが下がっています（消費者庁の裁量で発動することが可能）。

「この法律を施行するため必要があると認めるときは、当該事業者もしくはその者とその事業に関して関係ある事業者に対し、その業務もしくは財産に関して報告させ、もしくは帳簿書類その他の物件の提出を命じ、または（略）事務所等に立ち入り、帳簿書類その他の物件を検査させ、質問させることができる。」

改正景表法（2024年施行予定）25条

この「調査」では、「関係ある事業者」も対象とできるので、インスタグラマー・広告代理店・ASPも対象となります（措置命令の対象にはなりません）。

現在、消費者安全法で使われている下記のような刑事罰の威嚇付きの調査要求がステマ関係でも使われる可能性があり、そうなると脅威となるでしょう。

---

**消費者安全法の調査要求**

消費者安全法第45条第1項の規定に基づく報告徴収について

消費者安全法の施行上必要があるため、○○との取引に関し、貴社に対して同法45条1項の規定に基づき別紙の事項について報告を求めるので、令和○年○月○日までに文書により下記提出先に報告されたい。

貴社から本件に係る関係者への連絡等は厳に慎まれたい。

なお、同法第45条第1項の規定による報告をせず、又は虚偽の報告をした者は、同法第54条第2項の規定により50万円以下の罰金に処せられることがあるので留意されたい。

---

→ どうせわからないだろうと思っても、消費者庁が本格的に乗り出すとすべて明らかになるといえます

## 12) 行政処分・公表

●課徴金はない

5条1号2号と異なり3号には「著しい」の要件がないためです。

●措置命令 → 公表 → reputation risk（風評リスク）が現実的に重要なリスクです。

●措置命令の添付資料としてインスタ投稿が示されて、関連するインスタグラマーが明らかになる可能性あり（前述のようにアフィリエイト事例ではそういう事例あり）→ インスタグラマーも信用失墜。

●削除

①自社発信サテライト型

　→ その「自社」が措置命令対象者なので、
　　　その「自社」には削除を命じうる。

②それ以外

　　A措置命令対象者とB実施者（例：投稿者）がズレる場合は、Bに削除を命じることはできない。

　⌐→ Aに対し協力を求める(例：Bに削除するよう頼んでください)。
　⌐→ プラットフォームに投稿されている場合は、プラットフォームに対し協力を求める。

　参照）アフィリエイトの状況

　　アフィリエイトの場合は、広告主経由でアフィリエイターに協力を求めている（運用）。

●確約手続

　改正景表法（2024年施行予定）で措置命令の一歩手前の手続き

として、「確約手続」が導入されることになりました。

1）現在の景表法の運用実績は次の通り（年間：概数）
　　①通報など：1.2万件

　　②調査開始：500件
　　　　　↓　　③-1 行政指導（注意）：不問
　　③-2 措置命令：40件
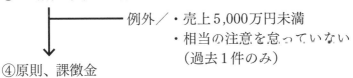
　　④原則、課徴金

2）プロローグで述べた「大正製薬パブロンマスク事件」のように、最近は措置命令が争われる事件もあることから措置命令の発令件数は減少傾向にあります。そこで「争われない」処分を設けることにしました。それが「確約手続」です。

3）確約手続の導入（すでに独占禁止法にはある制度）
　　（1）上図の1）の②〜③の間 ➡ 疑いはあるが、重大でないと判断した場合「改善計画」を出させて終了。
　　　　……つまり、「措置命令・課徴金はない」とする代わりに「疑いがある」ことを公表して一件落着とする。
　　（2）独占禁止法でのアマゾンの例
　　　　令和2年9月10日、通販サイトでの値引き分の一部

を納入元の事業者に「補塡」（リベート）させたとして優越的地位の濫用の疑いから公正取引委員会の調査を受けていたアマゾンジャパンが、納入元への返金を含む改善計画を認定したと公表されました。

（3）これがスタートすると、処分件数は増えることになります（③-1が減る）。


## 13) インスタグラマーへの訴訟

### ●ドイツの事例：パメラ事件

ステマに対し厳しい規制を行うドイツでは、ステマを行ったインスタグラマーに対する損害賠償請求訴訟も提起されています。

| 報道内容 | パメラの代理人（弁護士）の主張 |
| --- | --- |
| 訴えられたのは、インスタグラムのフォロワー900万人を誇る、ドイツ人インフルエンサー、パメラ・ライフ。本件では、彼女の投稿が、ステマとして消費者団体に訴えられ、カールスルーエ高等法院は、これを支持する判決を出しました。この判決では、モデルの投稿について、メーカーが出演料を支払っていない場合でも、広告と表示しなければならないとしています。 | ・当該投稿は、タップタグ（メーカーサイトへのリンク）はあるものの、対価を受け取っておらず、単なる個人的な意見の表明にすぎない。<br>・したがってステマには当たらない。<br>・対価を得た投稿も、タップタグだけの投稿も、すべて広告扱いになってしまうと、何が彼女の本当の意見かわからなくなる。 |

## ●日本ではどうか

　そのための法律がないので、一般法である民法に基づいて「あなたが自分の意見として勧めていると思ったから買ったのに、そうでないというのなら損をした」といったロジックで不法行為に基づく損害賠償請求訴訟が提起されるかもしれません。

　金額は大したことはないけれど、そのインスタグラマーが有名ならば、ニュースにはなるでしょう。

※すでに述べたように、企業に対する措置命令の資料からインスタグラマーとして誰が絡んでいるのかが明らかになることがあります。


## 14)　業界自主規制

### ●アットコスメの例

調査対象：クチコミ・投稿物ガイドライン

規制対策：情報の公正性を保つため、メーカー・販売関係者による自社商品への評価付けや、恣意的なクチコミ促進行為は禁じています。

違反措置：違反している、またはその恐れが高いと当社が判断した投稿については、投稿者やほかの利用者に通知することなく当社において投稿を削除したり、メンバー資格を抹消する場合があります。


### ●インスタグラムの例

調査対象：ブランドコンテンツポリシーについて

規制対象：ブランドコンテンツを投稿する際に、タイアップ投稿

ラベルを使用することが義務付けられています。フェイスブック及びインスタグラムでは、ブランドコンテンツを、クリエイターやパブリッシャーが対価を受けて直接的、間接的にビジネスパートナーを取り上げたコンテンツであると定義しています。これには、無料で提供された製品やサービスを取り上げるコンテンツが含まれます。

**違反措置**：違反しているブランドコンテンツ投稿は、フェイスブックまたはインスタグラムから削除されます。

## STEP 3　Q&A

**【注：消費者認識について】**

　消費者認識に関し、（1）「こちらで買ってください」とあおる企業LPへのリンクがあれば、消費者は企業とのタイアップと認識するからPR表記は不要。

　それに対し、（2）そのような企業LPへのリンクがなければ、消費者は投稿者のメッセージと認識するから、そうではないことをわからせるためにPR表記が必要、という運用になるようです。

　ステマ規制制定過程は変転しています。当初は、（1）のような緩和策はありませんでしたが、当初案が厳しすぎるという反発があったようで、その結果、このような緩和が行われました。

　ただし、「消費者の認識によりPR表記が不要になる場合もある」という例外枠は話をわかりにくくしている感じがします。

## ●テーマ：ステマの放置

　過去のステマ投稿をどうするか？　2023年10月から始まるステマ規制。それ以降の投稿が対象となるのではなく、その時点でウェブ上に存在する投稿が対象です。そのため、過去分をどうするか10月までに対策する必要があります。次は、そんなQ&Aです。

**Q**

　当社はこれまでASP（アフィリエイト・サービス・プロバイダ）、広告代理店を介して、大量のインスタ投稿を行っています。

　このプロモーションを行うにあたり、YDCに「べからず集」の作成を依頼しており、薬事法・景表法のレギュレーションアナウンスはASP・広告代理店を介して個々のインスタグラマーに「べからず集」を送り、周知されるようになっています。

　しかし、ステマ規制は存在していなかったので、ノーマークです。

　結果、現状はステマに該当する投稿がたくさん存在していますが、当社はすべてのインスタグラマー・すべての投稿を掌握していません。

　インスタ投稿のステマの責任は企業が負うことになっていますが、当社はどうしたらよいのでしょうか？

　フローの問題と内容の問題に分けて考える必要があります。
## ●フローの問題

　御社は直接インスタグラマーとつながっていないので、ASP・

広告代理店を介して周知を図ることになります。

●内容の問題

内容は2通りありえます。

① 「使っていないものは削除せよ」＋「ステマに該当するものはPR表記せよ」と告知

② 「使っていないものは削除せよ」＋「使うものはすべてPR表記せよ」と告知

②のほうが簡単ですが、本来PR表記をしなくてよいものにもPR表記をするとなると、それだけ訴求力を失うことになります。

①を選択する場合は「ステマに該当する例」「該当しない例」を示す「新べからず集」が必要となります。

この「新べからず集」はYDCで作成可能ですので、「info@yakujihou.com お問合せ係」までご連絡ください。

【注：なぜ「べからず集」なのか？】

Part1で述べたように、インフルエンサーの方は実態的にはアフィリエイターを兼ねているケースが多いと思います。

景表法は5条が責任追及条文で、1号が優良誤認、2号が有利誤認、3号がステマ規制などの告示になっています。

インフルエンサー兼アフィリエイターのミスの責任は、いずれも広告主＝依頼主が負うことになっています。

広告主＝依頼主の方がそれを避けたければ、インフルエンサー

マーケティングを展開している商品ごとに「べからず集」を作成・配布して、「自分たちはレギュレーションを作り、きちんと示し周知させていたが、末端がそれを守らなかった」と言えるようにしておくことです。

　なお、インフルエンサーが、1号にせよ2号にせよ3号にせよ、景表法の責任を負うことはありません。

　ただし、前述のように、調査の対象となることはありえます。

　現行法でもそれは可能ですが、景表法改正が成立すると、発動要件が緩和された新25条によりそれが拡大されます（→STEP 2の11）参照）。


**Q**

（あ）

　インスタグラマーが勝手に当社の商品をヨイショする投稿を行い（注記＝ディスクレイマーはなし）、当社にパートナー契約を持ちかけてきています。まったく乗る気はないのですが、このまま放置してよいのでしょうか？

（い）

　（あ）の事例が、1年前に依頼した事例で、当社としてはステマ投稿はやめたいので、当社から削除要請しているけれども、それに応じてくれずそのままになっている、という場合はどうなのでしょうか？

**1）アフィリエイトとの違い**

　アフィリエイトの場合は、景表法違反サイトを広告主が放置していた場合も広告主に責任ありとされます。

**2）(あ)について**

　ステマの場合は、投稿時点で企業側の関与がなければステマの俎上には載りません。ですので、放置しても問題はありません。

**3）(い)について**

　この事例は、投稿時点で企業側の関与があるので、そこでいったんステマは成立しています。しかし、その後、企業側が削除要請しているというのであれば、その時点で関与は消滅したといってよいでしょう。

　よって、御社がステマの責任を負うことはありません。


**●テーマ：薬事法で追及されるインスタグラマー**
**1）インスタグラマー**

**Q**

　インスタグラマーの投稿には、「この化粧品でシミが消えた」など、それが広告なら明らかに薬事法違反の投稿がたくさんあります。ステマ規制違反にならぬよう「#PR」などと注記を付けると、薬事法違反で追及されることにならないでしょうか？

**A**

　薬事法は「何人も」規制対象であり、販売者だけでなく誰でもターゲットとなりえます。それゆえ、「ステラ漢方事件」では広告代理店社員が薬事法違反で逮捕されるということになりました（→STEP2の2）参照）。

　これまでインスタグラマーの投稿などは、個人の意見なのか広告なのかよくわからないということで放置されてきましたが、ステマ規制との兼ね合いで広告であることを注記するようになると、たしかに理論上はインスタグラマーの投稿を薬事法違反で追及しやすくなります。

　ただし、ステマ規制の話は景表法の領域内で進んでいる話なので、運用の問題として、まずは景表法優先で、景表法を所管しない役所が薬事法違反を追及する可能性は低いかもしれません。

## 2）依頼企業

**Q**

　健康食品（ドリンクやサプリメント）を販売しているECサイトの公式インスタグラムで、販売元のスタッフが実際にドリンクやサプリメントを飲み続けた場合に自身の体にどんな変化が起こったかという事実を発信するのは違反でしょうか？　効果検証的に、たとえば毎日体重を量って記録したものを公開する、肌の水分量を毎日測って記録したものを公開するなど。

もし、公式インスタグラムで発信するのがNGでしたら、個人のインスタグラムで発信するのは違反になるでしょうか？

　企業の公式サイトの場合、消費者は企業の依頼を受けて社員が書いていると思うので、ステマの余地はなく注記は不要です。
　個人アカウントの場合、社員とわからなければ自分の意見を述べていると一般消費者は認識します。よって、企業の依頼に基づくものならその注記がないとステマになります。

### 3）インスタ画面をLPに並べる

　謝礼を支払ったインフルエンサーのインスタ写真を販促ツールに使用する場合は、画像に対して「広告」などの表示、または注釈で「広告出演者です」のような表示をしなくてもいいのでしょうか？
　化粧品などのツールで多くのインスタ写真が掲載されていて、多くの女性たちに支持されているような印象を与えるものがあります。

　結論は表示不要です。

広告に掲載する体験談は、広告として使用している（自主的な意見ではない）と一般消費者は認識するので、「広告（PR）です」などの記載は不要です。

## 4）レビュー投稿依頼とステマ

　"楽天での商品購入者に、「楽天にレビューを書いてほしい」という案内を送ったら書いてくれた"というケースに関し、「これはステマか？」とYDCに聞いたら「そうだ」という回答でした。

　しかし非ステマの例として、ガイドラインにはこうあります。
　「ECサイトに出店する事業者が自らの商品の購入者に対して当該ECサイトのレビュー機能による投稿に対する謝礼として、次回割引クーポン等を配布する場合であっても、当該事業者と当該購入者との間で、当該購入者の投稿（表示）内容について情報のやり取りが直接又は間接的に一切行われておらず、客観的な状況に基づき、当該購入者が自主的な意思により投稿（表示）内容を決定したと認められる投稿（表示）を行う場合。」
　なので、このケースはステマにならないのではないですか？

　ステマに該当します。まず、消費者は、この口コミは自発的な口コミだと認識します。それに対し、実際には「楽天にレビューを書いてほしい」という案内を送ったということなので、このま

まではメッセージ主体に誤認が生じます。その誤認を防ぐために
PR表記が必要です。

　ガイドラインの該当部分は、企業からの投稿依頼がまったくな
い場合の話です。


## 5）インスタと薬事法とステマ（1）

　最終的に訴求したいことは「当社の上清液入り化粧品でシワが
解消」だとします。

　コンテンツを、「上清液はシワ解消効果がある」という成分コ
ンテンツ（A）と、「当社の上清液入り化粧品、今なら半額」とい
う商品コンテンツ（B）に分けます。

　そして、有名インスタグラマーを使うとします。

　インスタグラマーに（A）と（B）を分けて投稿してもらった場
合、薬事法規制とインスタ規制はどうなりますか？

**A**

### （1）薬事法

　この場合は、投稿一覧の画面において、（A）と（B）が一緒に
見えるかどうかがカギです（次ページ図E）。

　なぜなら、東京都庁HPにある「記事風広告」が、この場合の
判断基準になるからです（P.134図F）。

図E

| 同時に見られる | 同時に見られない |
| --- | --- |

**同時に見られる**

| 上清液入り化粧品 ×××××  |  |  |
| --- | --- | --- |
| A |  |  |
|  |  |  |
|  |  | B |

**同時に見られない**

| 上清液入り化粧品 ×××××  |  |  |
| --- | --- | --- |
| A |  |  |
|  |  |  |
|  |  |  |

|  |  |  |
| --- | --- | --- |
|  |  |  |
|  |  |  |
|  |  | B |
|  |  |  |

　つまり、記事風広告においては、成分効能だけの記事と効能なしの商品広告が上下に並んでいて、一覧できることがNGのポイントになっているからです。

　よって、投稿一覧の画面において、（A）と（B）が一覧できればアウト、一覧できなければセーフということになります。

## 図 F

都庁 HP　http://www.fukushihoken.metro.tokyo.jp/kenkou/iyaku/sonota/koukoku/huteki/zenpan/ihan11/index.html より

## いわゆる記事風広告について

**注釈：以下のような紙面構成・内容の広告は薬事法に違反する可能性があります。**

以下は、新聞紙面を想定しています。

### 広告例

〇〇新聞　2001 年（平成 13 年）1 月 1 日（月曜日）

新年明けましておめでとうございます。新しい年を、心身共に健康で過ごしたいというのが、皆様の願いではないでしょうか。
特に、スキンケアに心を配っている方も多いと思います。
最近、化粧品等スキンケア商品に配合されることの多い植物エキス〇〇〇は、お肌のシミの解消に効果があることが、最近の研究で明らかになってきました。シミ、ソバカスの予防のみならず、できてしまったシミにも効果があるといわれています。長年の悩みを解消し、素晴らしい 1 年となりますよう、心から願っております。
企画：〇×新聞情報部

△△クリーム
・・・・・・・・・・・・・・・・・・・
・・・・・・・・・・・・・・・・・・・
・・・・・・・・・・・・・・・・・・・
植物エキス〇〇〇（保湿成分）配合

ご購入方法
・・・・・・・・・・・・・・・・・・
お問い合わせ
株式会社〇〇〇
電話　03-〇〇〇〇-1234

### 解説

#### いわゆる記事風広告について

特定の成分の効果などを紹介した情報欄の、極めて近い部分に意図的に当該成分を含有する製品の広告を行った場合、当該情報を含んだ一つの広告とみなされることがあります。

特定製品の広告そのものは薬事法を遵守していても、情報欄等の内容如何によっては、消費者に誤認をまねくおそれがあります。注意して下さい。

## （2）ステマ規制

　以上は薬事法の話ですが、ステマ規制との関係はどうでしょうか？

　この例は、企業の依頼に基づいてインスタグラマーが投稿していると思われますから、インスタグラマーの各投稿にPR表記がないとステマ規制違反になります。

## 【注：記事風広告について】

「記事風広告」の考え方がカギとなる例は、ほかにもあります。

　インスタグラマーのアカウントで、成分コンテンツを投稿するとともに、商品コンテンツをストーリーズとし（商品が購入できるアカウントへのリンクあり）、それをハイライトに仕上げる場

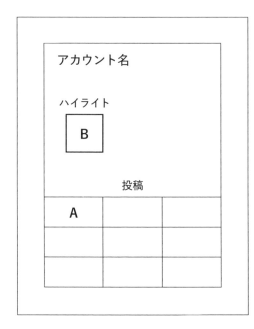

合です。図にすると左図のようになります。

「記事風広告」の考え方からすると、これが薬事法違反になるのは、Aに現れている画像で「上清液はシワ解消効果がある」ということが読み取れ、かつ、商品広告が内包されているハイライトの表面上のアイコンで「上清液入り化粧品」が読み取れる場合です。

それ以外の場合は、商品が購入できるアカウントへのリンクありのストーリーズがハイライトBに内包されていたとしても、薬事法違反にはならないと思います。

## 6）インスタと薬事法とステマ（2）

**Q**

東京都が示す記事風広告の考え方は非常に重要ですが、「成分CMと商品CM、別テレビ局で同日放送」の例も、カギだと思います。

※例：次ページ図G

図G

テレビ広告例

**3月1日　○○○局**

乳酸菌Aはヒトの免疫システムを活性化させて、細菌やウイルスに対する抵抗力が向上します。

○○株式会社　東京都新宿区・・・
お問い合わせ先　03-△△△△-1234

**3月1日　△△△局**

乳酸菌Aを配合した製品Bが新登場！！
お近くのスーパーでお買い求めください。

○○株式会社　東京都新宿区・・・
お問い合わせ先　03-△△△△-1234

**解説（テレビ広告）**

広告例の太字部分が医薬品医療機器等法上の違反字句です。

上の例は、テレビで○○株式会社が同日に複数のテレビ局で放送した広告の例です。
それぞれ独立した広告と見なすと医薬品医療機器等法違反とは言えませんが、全体で1つの広告として見ると、医薬品医療機器等法違反となります。
このような広告を掲載することはできません。
広告の読み手からすれば、免疫力が高まる健康食品であるかのような誤解をあたえることになります。

　たとえば、「有名インスタグラマーが、成分コンテンツのストーリーズ（A）をUPするとともに、商品コンテンツのストーリーズ（B）をUPした」という場合はどうでしょうか？

**（1）薬事法**

　まず、（A）と（B）は、同じディメンションに併存していないので「記事風広告」の考え方でNGとなることはありません。しかし、「成分CMと商品CM、別テレビ局で同日放送」に該当する可能性があります。その場合の重要な基準は時間です。

　つまり、（A）のUP後、24時間以内に（B）がUPされていれば

「同日放送」の考え方によりアウトで、24時間超なら「同日放送」はセーフと考えられます。しかし、さらに、8）で述べる「連日広告」の規制をクリアする必要があります。

## （2）ステマ規制

　以上は薬事法の話ですが、ステマ規制との関係ではどうでしょうか？

　ストーリーズもメッセージ（「表示」）であり、ステマ規制の対象になります。しかし、ストーリーズの中に「上清液入り化粧品はこちら」といったあおるリンクがある場合、消費者は上清液入り化粧品の会社との関連性を認識するので（上清液入り化粧品の会社に依頼してやっているのだろうと思う）、PR表記は不要と考えられます。

## 7）インスタと薬事法とステマ（3）

**Q**

　インスタグラマーが、成分コンテンツをUPします（フィード投稿）。そこでは、「上清液がシワを解消する」というエビデンスが示されます。そして、「詳しいことはハイライトを見てね」とハイライトへ誘導します。

　そのハイライトには成分効能は一切なく、「商品はここから購入できるよ」というリンクがあります。この場合の薬事法規制・ステマ規制はどうなのでしょうか？（次ページ図H）

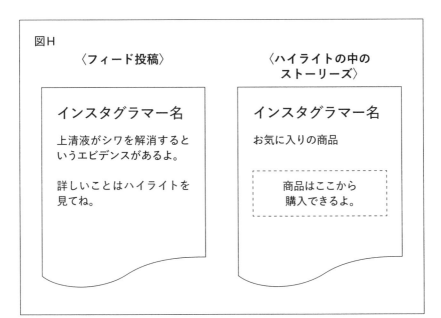

図H

〈フィード投稿〉

インスタグラマー名

上清液がシワを解消すると
いうエビデンスがあるよ。

詳しいことはハイライトを
見てね。

〈ハイライトの中の
ストーリーズ〉

インスタグラマー名

お気に入りの商品

商品はここから
購入できるよ。

（1）薬事法

　成分コンテンツから商品コンテンツへのリンクは原則NGです。
本件ではそれはありません。

　「誘導」に関しては、検索ワードを示して検索せよと示すのは不
可です（「強命水・活事件」次ページ図Ⅰ）。

　本件（図H）では「詳しいことはハイライトを見てね」とはっ
きりした誘導があるので、ここのつながりは肯定されます。ただし、
誘導先のストーリーズで即商品が購入できるようになっていない
ので「距離が遠い」ともいえます。結局、ストーリーズの作り方
で決まると思います。

図1

1）強命水・活事件　　※2014年薬事法違反で刑事立件

<u>STEP1：メーカーサイトの「お客様の声」</u>

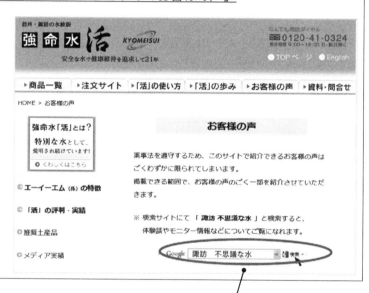

検索指示があることから
薬事法違反とされました。

下の広告のような無言の誘導が境界線と、YDCでは考えています。

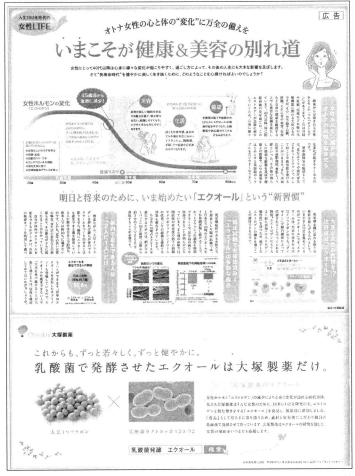

## （2）ステマ規制

　以上は薬事法の話ですが、このケースでの成分コンテンツはステマに該当するのでしょうか？

　本件の実態はアフィリエイト。つまり、本件のストーリーズからの送客で購入に至ればASP経由で報酬が支払われます。

　LP型アフィリエイトの場合は、「公式サイトはこちら」という、あおるリンクボタンがあり、それによって消費者は、広告主とのタイアップ関係を認識するので、PR表記は不要です。

　それに対し、インスタ型アフィリエイトの場合は微妙です。

　本件では、ハイライトに内包されているストーリーズでは、あおるリンクがあるのでこの関係性が読めますが、フィード投稿のほうではこの関係性は読めないので、フィード投稿にはPR表記が必要だと思います。つまり、フィード投稿とストーリーズは別投稿なので、別々に考える必要があると思います。

## 8）ストーリーズVSストーリーズ

　インスタで成分コンテンツと商品コンテンツを分けるやり方として、「フィード投稿VSフィード投稿」「ハイライトVSフィード投稿」という例以外に「ストーリーズVSストーリーズ」という組み合わせもあります。

**Q**

　東京都は「連日広告」として、同一新聞でX日に成分広告、X＋1日に商品広告というパターンをNGとしています（図J）。イ

ンスタのストーリーズで、X日に成分コンテンツ投稿、X＋1日に商品コンテンツ投稿（商品購入へのリンクあり）という場合はどうなのでしょうか？

図J

**連日広告**

X日：成分効能広告

 同一紙

X＋1日：商品広告

NG

**期間限定の連続広告について**

**新聞広告例**

| 10月13日掲載分

○○株式会社が新たな健康を目指して！
日々研究を重ねています。
その研究成果が世界で高く評価されつつあります。
健康が気になるあなたのために...

○○株式会社　東京都新宿区・・・
お問い合わせ先　03-△△△△-1234

| 10月14日掲載分

今や健康は自己管理の時代です。
そんな時代に私たち○○株式会社は、「高麗ニンジン」に注目しました。
その結果、全国の研究所から「免疫力を高める作用」が発見されました。
健康志向のあなたのために...

○○株式会社　東京都新宿区・・・
お問い合わせ先　03-△△△△-1234

| 10月15日掲載分

新登場！
高麗ニンジンエキスを新製法により、カプセル化しました。
「○○ニンジンヘルス（商品名）」
10本入り3,000円でお宅へ直送します。

○○株式会社　東京都新宿区・・・
お問い合わせ先　03-△△△△-1234

薬事法は微妙です。

東京都の例では、「同一新聞」という例ですが、こちらもストーリーズとストーリーズなら同一メディアです。

ストーリーズは、24時間経つと消えてしまいますが、新聞も1

日前の新聞を目にする人は少ないので、この条件の差は大きくないと思います。

　ただし、ストーリーズの場合は、2つのストーリーズの間にほかのストーリーズがたくさん投稿されていると、前のストーリーズの記憶は薄れるので、ここが基準となるでしょう。

　つまり、成分ストーリーズと商品ストーリーズの間に2～3しかストーリーズがないというのであれば、両者はつながって認識されるので薬事法違反です。

　間にもっとたくさん入っているという場合は、両者はつながって認識されないので薬事法違反にはならない。

　ざっとこんな感じです。

　微妙なケースは、成分ストーリーズと商品ストーリーズの間を48時間以上空けるとよいでしょう。


## 9）オウンドメディアと第三者サイトとステマ

**Q**

　薬事法に配慮して、オウンドメディアや記事LPを作るケースが増えています。

　たとえば、「疲れ」をテーマとして、「疲労のメカニズム」「疲労回復によいもの」などを紹介し、「疲労回復に効果的な成分」なども紹介しますが、商品とはサイト上では直接つなげません。これを、自社でオウンドメディアとしてやる場合もあれば、第三者に依頼する場合もあります。薬事法はそれでよいと思いますが、

ステマはどうなのでしょうか？

（１）ステマの定義は、「一般消費者が事業者の表示であることを判別することが困難である表示」で、「事業者が自己の供給する商品又は役務の取引について行う表示であるにもかかわらず、事業者の表示であることを明瞭にしないことなどにより、一般消費者が事業者の表示であることを判別することが困難となる表示である」と説明されています。

　なので、「商品又はサービス」に関する表示が対象です。

　ここでテーマとしているオウンドメディアや第三者サイトは、一見ただの「情報」で「商品又はサービス」に関しないので、そもそも対象外のようにも見えます。しかし、ここから始まって結局は「商品又はサービス」に行き着くので、全体的に見て対象内と解釈されると思います。

（２）オウンドメディア

　メッセージ主体が自社であることを明記しているので、ステマの問題は発生しません。

（３）第三者サイト

　第三者Aが、B社に依頼されてそのサイト上で発信しているときは、真のメッセージ主体はB社なので、PR表記がないとステマになります。

PR表記は「誰のため」という表記は不要となっているので、C社からも依頼されているという場合でも単に「PR」と書けばよく、「PR:B社・C社」などと書く必要はありません。

## 10）概括的な投稿依頼は？　他社とのミックス投稿は？

**Q**

　当社は、美魔女ブロガーXさんに年間10万円を払って年4回、当社製品について投稿してくれることを依頼しています。投稿の内容や時期は特に指定していません。

　しかし、実際には、Xさんは年10回くらい投稿してくれています。また、投稿の中には他社製品に言及しているものもあります。（あ）こういう場合、年4回だけ投稿にPR表記が必要でしょうか？それとも当社製品が登場するすべての投稿にPR表記が必要でしょうか？

（い）また、他社製品とミックスの場合で、他社からの依頼はないという場合、PR表記はどうしたらよいのでしょうか？

**A**

（あ）について

　消費者庁ガイドライン（P.97参照）にはこのような内容があります。

**「事業者が第三者に対して自らの商品又は役務について表示する**

ことが、当該第三者に経済上の利益をもたらすことを言外から感じさせたり（例えば、事業者が第三者との取引には明示的に言及しないものの、当該第三者以外との取引の内容に言及することによって、遠回しに当該第三者に自らとの今後の取引の実現可能性を想起させること。）、言動から推認させたりする（例えば、事業者が第三者に対してSNSへの投稿を明示的に依頼しないものの、当該第三者が投稿すれば自らとの今後の取引の実現可能性に言及すること。）などの結果として、当該第三者が当該事業者の商品又は役務についての表示を行うなど、客観的な状況に基づき、当該表示内容が当該第三者の自主的な意思によるものとは認められない場合。」

　以上からすると、概括的な依頼であっても「依頼」に該当すると考えられます（今後の依頼拡大を狙ってのことと考えられ、必ずしも自主的とはいえない）。よって、御社製品が登場するすべての投稿にPR表記が必要と考えられます。

（い）について
　PR表記の場所は、特に決まっていないので、御社製品に関する投稿部分にのみPR表記を付ければ足ります。たとえば、御社製品に関する投稿部分の末尾に「♡#ad」と付けるなど。

## 11）企業ドメインでのブロガー記事LPは？

当社製品の成分を訴求する記事LPを、メディカル系ブロガーAさんが語る感じで作りました。

タイトルは「成分○○について」。

「こんにちは、メディカル系ブロガーのAです」から始まり、ずっとAさんが成分○○の効能を語る作りとなっています。

商品広告のリンクはありません。

このサイトのドメイン名には当社社名があり、また、サイトの特商法表記には当社名が出てきます。

こういう建て付けの場合、このサイトにPR表記がないとステマ規制違反になるのでしょうか？

**A**

この記事LPの真のメッセージ主体をAさんと見るか、御社と見るかは見方が分かれるところだと思います。

こういうケースは、念のため「PR」とPR表記を入れておきましょう。実務的にはそれで十分です。

# まとめ

　Part1で述べたように、SNSマーケティングは、認知拡大型が購入獲得型に移行しつつあります。そのため、企業としてはステルスマーケティング（景品表示法3号）だけでなく、インスタグラム兼アフィリエイトの優良誤認（同1号）、有利誤認（同2号）、さらには薬事法も合わせて対応する必要があります。

　その要点をまとめると、次のようになります。

1）PR表記をしていればステマになることはないので、広告代理店やASPを介して大量にインスタグラマーを動かすという場合は、「べからず集」に「すべての投稿にPR表記をせよ」と記載し、それを広告代理店やASPを介して周知させるようにする。

2）インスタグラム兼アフィリエイトの優良誤認や有利誤認の責任を企業が回避するのも「べからず集」がカギ。商品ごとに優良誤認や有利誤認（さらには薬事法違反）の表現、すなわちNG表現を記載した「べからず集」を作成し、それを広告代理店やASPを介して周知させるようにする。

3）薬事法違反を避けるため、成分コンテンツと商品コンテンツを分けた展開をする場合には、東京都の事例を基に考える。

※「べからず集」の作成を始め、お問い合わせは下記アドレスまでお願いします。
　info@yakujihou.com

## RIZAP そして choco ZAP

　私は、2012年2月に1号店ができたRIZAPのサポートを同年7月から始め、リーガルマーケティングの方法論で、ビフォーアフター広告を実践し、ジムの顧客を18万人にまで伸ばしました。

【同社資料】

●林田先生のご指導事例

体重・体脂肪・ウエスト

BEFORE &AFTER

実績（公表値）
18万人

　しかしその後、RIZAPはM&Aの不成功やコロナ禍による顧客減少もあり、2023年2月14日の決算発表では、30億円の赤字、50億円規模の下方修正を余儀なくされました。

| | 売上収益 | 営業利益 | 税引前利益 | 当期利益 |
|---|---|---|---|---|
| 前回発表予想(A) | 155,000 | 500<br>～2,500 | △500<br>～1,500 | △1,500<br>～1,000 |
| 今回修正予想(B) | 155,000 | △3,000 | △4,500 | △8,500 |
| 増減額(B－A) | ― | △3,500<br>～△5,500 | △4,000<br>～△6,000 | △7,000<br>～△9,500 |

単位：百万円

ところが、株価はその日から7日間で24%の爆上げを達成しました。

【同社資料】

番外編・最新情報

なのに、なぜ？

株価は2023年2月14日から

たったの**7**日間で**24**%の爆上げ!!

50億円規模の下方修正なのに？

時価総額800億→1060億

1週間で**260**億円UP

実は
林田先生ご指導のもと、着々と進んでいた、、、

　その背景には、私がナビゲーションした、低価格セルフジム「choco ZAP」の大ヒットがあります。わずか1年で年商100億円を達成し、3年後に300億円の利益を見込んでいます。

# 第 4 部

# 2024年施行の
# 改正景品表示法

## ［ 注目点 ］

これまで景表法改正絡み（健増法、特商法含む）で、2022年12月5日の留意事項、23年6月のインバウンド規制改正、23年10月のステマ規制導入などを紹介しました。

ここからは、24年より改正景表法により施行される確約手続導入・調査発動要件緩和と、拡大された課徴金について紹介します。

# 確約手続導入・
# 調査発動要件緩和

　第3部でも説明しましたが、改正景表法が2024年から施行されます。図Kが景表法責任追及のフローです。

　第1に、（2）の調査手続の発動要件が緩和されます。

　第2に、（3−1）と（3−2）の間に「確約手続」が導入されます。以上の2点は第3部で説明しました。

　さらに、第3に（4）の課徴金についても改正があります。この課徴金については、次ページのPart2で説明します。

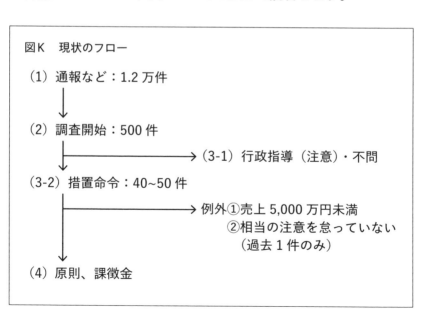

図K　現状のフロー

（1）通報など：1.2万件

（2）調査開始：500件

　　　　　　　　　　→（3-1）行政指導（注意）・不問

（3-2）措置命令：40~50件

　　　　　　　　　　→ 例外①売上5,000万円未満
　　　　　　　　　　　　②相当の注意を怠っていない
　　　　　　　　　　　　（過去1件のみ）

（4）原則、課徴金

# 課徴金の拡大

## 制度の見直し

　繰り返し違反を行う事業者への対策として、違反行為からさかのぼって10年以内に課徴金納付命令を受けたことのある事業者に対し、課徴金額を現行の3％から4.5％にする規定を新設しました。

## 4.5％のインパクト

　現状の課徴金が3％で、これまで多額の課徴金を納付した企業のトップ5は下記の通りです。これからは、課徴金が4.5％に上がることから、たとえば6億円以上の課徴金を課された大幸薬品の場合、1.5倍の9億円以上になる可能性があるわけです。

| ①2023年4月11日 | 大幸薬品株式会社 | 6億744万円 |
|---|---|---|
| ②2020年6月24日 | フィリップモリスジャパン合同会社 | 5億5,274万円 |
| ③2017年1月27日 | 三菱自動車株式会社 | 4億8,507万円 |
| ④2020年12月16日 | 株式会社ダッドウェイ | 3億7,478万円 |
| ⑤2020年3月17日 | ジェイフロンティア株式会社 | 2億4,980万円 |

　なお、2021年8月から開始された薬機法違反の課徴金も4.5％ですが、まだ発令例はありません。

# 景表法を制する者は
# ECビジネスを制する

私のモットーは、「人がやらないことをやる」でして、これが私の社会に対するMISSIONでもあると考えています。

　私は以前、弁護士活動もしていましたが、現在はやめ「弁護士出身の実業家」というユニークな活動をしています。

　なぜ、そんな活動をしているのかというと、社会にニーズがあるにもかかわらず、そんなことをしている人が誰もいないからです。

　私はこれを自分のMISSIONと捉え、実践しています。

　日本の法律家はもめ事の解決が中心で、ビジネスサポートへの尽力が弱いように感じています。

　ビジネス、特にヘルスケアビジネスには、リーガルだけでなくマーケティングやメディカルの知識も必要。つまり、執務室で六法全書や判例を熟読しているようなビジネススタイルではダメで、実践的な知識を身につけるべく、現場に交わる必要があります。

　私はそのために、毎日「薬事の虎」というメルマガを配信し（登録者数約2.8万人）、毎月セミナーを行い、健康美容医療関係のコンサルを行い、臨床試験機関や再生医療などの委員会やクリニックの運営にも携わっています。

　こうして、コンサル・リーガル・メディカル、トライアングルのサポート体制を構築しています。


　この方法論を私は「リーガルマーケティング」とネーミングし、商標登録もしています。

　このような活動の延長線上でできあがったのが本書です。

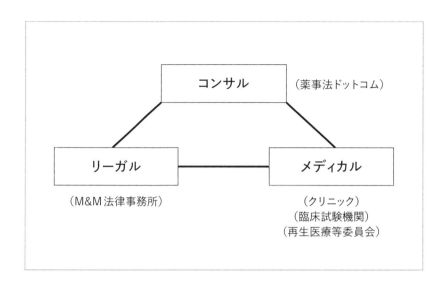

　法律書とビジネス書の中間のような本ですが、ビジネスの現場の「実践に役立つ」ことをターゲットとして書きました。

　ビジネスにおける景表法の重要性は増すばかり。

　私は、それを痛感して2020年には『ヘルスケアビジネスのための実録 景品表示法』、22年には『30万人のサブスク・定期顧客を生み出す リーガルマーケティング』（いずれもダイヤモンド社）を上梓しましたが、今年もステマ規制など重要な動きがありましたので、新しい動きをフォローする本書を刊行することにした次第です。

　本書が、みなさまのビジネスの実践に少しでもお役に立てば幸いです。

林田　学（弁護士出身の実業家）

※本書は私が東京大学法学部研究室にいた頃からご指導を受けている小林秀之先生のご高閲を賜りました。

　小林先生は、東大法学部4年生で司法試験に合格し（2番）、首席で東大を卒業されたという秀才中の秀才で、学者（一橋大学名誉教授）と弁護士（東京虎ノ門国際法律事務所）の二足の草鞋をお履きになっておられるスーパーエリート。感謝の念に堪えません。

## ●各種お問い合わせ先

◎コンサルティングのご相談
　薬事法ドットコム（YDC）
　https://www.yakujihou.com/

◎リーガルのご相談
　M&M法律事務所
　https://matsuzawa-law.com/

◎景表法対策
　YDC・景表法対策委員会
　https://www.yakujihou.com/service/keihyou/

◎YDCのイーラーニング
　景表法検定講座
　https://ydc-edu.com/keihyouhou/

**[著者]**

**林田 学**（Mike Hayashida, Ph.D.）

弁護士出身の実業家。

東京大学法学部大学院卒、法学博士。Harvard Medical School オンラインコース単位取得。大学教授、弁護士を経て、現在㈱薬事法ドットコム（YDC）社主、M&M法律事務所最高顧問。2002年度薬事法改正のための小委員会など、政府関係委員会委員も歴任。

1995年の小林製薬㈱の通販事業を皮切りに、健康美容医療ビジネスの分野で関連法令とマーケティングをリンクさせたリーガルマーケティング®というコンサル手法で、やずや30億→470億、RIZAP２店舗→100倍、にしたんクリニックPCR検査キット→１年で280億、メビウス製薬創業者ワンルーム創業→100億EXITなど成功事例をプロデュース。

著書に、『PL法新時代』、『情報公開法』（中公新書）、『最新薬事法改正と医薬品ビジネスがよ〜くわかる本』（秀和システム）、『ゼロから始める！ ４年で年商30億の通販長者になれるプロの戦略』、『健食ビジネス新時代を勝ち抜くプロの戦略「機能性表示」解禁を、どう生かすか』、『素人でもたった２年で年商1.8億円を実現した美健EC』、『ヘルスケアビジネスのための実録 景品表示法』、『30万人のサブスク・定期顧客を生み出す リーガルマーケティング』（ダイヤモンド社）、『機能性表示とノウハウカルテットで４年でビリオネアへの道』、『景品表示法の新制度で課徴金を受けない３つの最新広告戦略』（河出書房新社）などがある。

# 景表法を制する者はECビジネスを制する

### ステルスマーケティング広告規制を中心に徹底解説

2023年８月１日　第１刷発行

著　者──林田 学

発行所──ダイヤモンド社
　　　　　〒150-8409　東京都渋谷区神宮前 6-12-17
　　　　　https://www.diamond.co.jp/
　　　　　電話／03·5778·7235（編集）　03·5778·7240（販売）

装丁────北路社
製作進行──ダイヤモンド・グラフィック社
編集協力──古村龍也（クリーシー）
印刷／製本─三松堂
編集担当──花岡則夫、寺田文一